FLÖRT ETME SANATI

Adil Yıldırım

KARAKARGA

DESTEK MEDYA GRUBU

FLÖRT ETME SANATI

Adil Yıldırım

İmtiyaz Sahibi: Destek Yapım Prodüksiyon Dış Tic. A.Ş.
Genel Yayın Yönetmeni: Mustafa Kutlukhan Perker
Üretim Koordinatörü: Semran Karaçayır
Sosyal Medya-Grafik: Tuğçe Budak-Mesud Topal-Nursefa Üzüm Kalender

1-5. Baskı: Nisan 2021
6-8. Baskı: Nisan 2021
9-11. Baskı: Mayıs 2021
12-13. Baskı: Ağustos 2021
14-15. Baskı: Ekim 2021
16-17. (Genişletilmiş Baskı): Aralık 2021
18-19. (Genişletilmiş Baskı): Ocak 2022
20-21. (Genişletilmiş Baskı): Mart 2022
22-23. (Genişletilmiş Baskı): Mayıs 2022
24-25. (Genişletilmiş Baskı): Temmuz 2022
26-28. (Genişletilmiş Baskı): Eylül 2022
29-30. (Genişletilmiş Baskı): Aralık 2022
31-32. (Genişletilmiş Baskı): Mayıs 2022
33-34. (Genişletilmiş Baskı): Ağustos 2023
35-36. (Genişletilmiş Baskı): Ağustos 2023
37-38. (Genişletilmiş Baskı): Ekim 2023

ISBN: 978-625-7217-87-3

*İmtiyaz Sahipleri: Destek Yapım Prodüksiyon Dış Tic. A.Ş.
KaraKarga Yayınları, Destek Yayınları'nın alt kuruluşudur.*

Yayıncı Sertifika No. 13226
Adres: Abdi İpekçi Cad. No. 31/5
Nişantaşı / İstanbul
Tel. (0 212) 252 22 42
Faks: (0 212) 252 22 43

karakarga.com
info@karakarga.com
karakargayayinlari
karakargayayinlari
karakargayayin

Baskı: Deniz Matbaa Mücellit
Adres: Maltepe Mahallesi Hastane Yolu Sokak
No. 1/6 Zeytinburnu - İstanbul
Tel: (0) 212 613 30 06
Matbaa Sertifika No. 48625

DESTEK yayınları · KARAKARGA · BEYAZ BAYKUŞ · genç DESTEK · ATHICA

FLÖRT ETME SANATI

Adil Yıldırım

KARAKARGA

İÇİNDEKİLER

"Flört ederken başarıya ulaşmak için,
pervasız olmanız gerekir..."

Giacomo Casanova
1788, Venedik / İtalya

YENİ BASKIYA ÖNSÖZ

Flört Etme Sanatı altıncı kitabım olarak raflarda yerini aldığında tarihler 2021 senesi Nisan ayını gösteriyordu. Her kitabın kendine özgü bir yolculuğu vardır, yazar ne kadar emek vermiş olsa da kitap basıldıktan sonra artık bağımsız bir varlıktır ve bu durumun farkına varmak aslında her yazar için biraz da hüzün taşır içerisinde.

Yayınevim ile kitabın okurla buluşma aşamasını planlamak heyecan vericiydi, 16 Nisan 2021 olarak basım tarihi bana iletildiği zaman buna sevindim çünkü rakamların ve tarihlerin uğuruna inanırım özellikle de içinde 6 veya 8 gibi rakamlar taşıyan tarihler hoşuma gider. Dolayısıyla 16 Nisan tarihinde benim zihnimden demir alarak açık denizlerde okurlarıyla buluşmak üzere yola çıkan *Flört Etme Sanatı* kısa zamanda büyük bir kitleye ulaştı. Açıkçası bunu beklemiyordum çünkü Nisan 2021 tarihinde pandemi nedeniyle yasaklar vardı ve kitapçılar kapalıydı. O tarihlerde kitap almanın tek yolu internet üzerinden kitap satan siteler olacaktı ve bu kısıtlı satış imkânı ile ne kadar insana ulaşılabileceğini kestiremiyordum. Ne var ki endişelerimizin bir karşılığı olmadığını gördük, çünkü birkaç hafta içerisinde kitap on baskı yaptı ve gerek yurtiçinden gerekse yurtdışından harika okur yorumları bize ulaştı.

Yoğun emek karşılığında meydana gelen eserin okurda güzel bir duygu yaratması beni yükseltti, bunu itiraf ediyorum. İnsan zayıf bir varlık aslında ve ilgiyle yükseliyor fakat sonra aniden bir şeyi fark ettim; flört üzerine ilk defa böyle bir kitap yazılmıştı ve bu kitabı yazarken okura ciddi bir söz vermiştim: "Devamı gelecek..."

Devamını getirmek istiyordum ama bunu kitabın basılmasından birkaç sene sonra yapmayı planlıyordum; oysa kitabın basımından sonraki ilk altı ay içerisinde özellikle de "Adil'e Sor" uygulamasından bana gelen mesajların sayısı yüzbinleri buldu. Daha fazla flört hikâyesi ve daha detaylı taktikler isteniyordu çünkü flört ve ilişkiler üzerine kitap yazmak sonsuz bir okyanusa açılmak gibiydi ve elbette okur bu seyahatin devamını da görmeyi arzu ediyordu.

İşte bu sebeple, daha detaylı hikâyeler ve bilgiler içeren bu versiyonu sizlere sunuyorum çünkü gerek YouTube kanalımdan gerekse kitaplarım aracılığıyla insanlara farklı bir pencere açma misyonumu yıllardır devam ettiriyorum. Bu noktada sizlerle buluşma keyfine sadece bir misyon veya görev dersem haksızlık etmiş olurum, bundan büyük keyif alıyorum. Bu satırları yazarken tarih 16 Ekim'i gösteriyor ve bundan sadece iki hafta önce Ankara imza günüm vardı. Ankara beni her zaman mahcup ediyor çünkü imza günüm daha önce olduğu gibi yine altı saat sürdü, yaklaşık yedi yüz okurum ile birebir tanıştım, sohbet ettim ve kitaplarını imzaladım. Benim için çok güzel bir deneyimdi. Ankara beni mahcup ediyor dedim çünkü doğma büyüme İstanbullu olarak Ankara'ya her zaman biraz mesafeliydim, orayı benden uzakta soğuk, karlı ve yalnız bir bozkır şehri olarak görüyordum. Oysa öyle olmadığını yaşadığım deneyimler ile görüyorum ve bir kez daha anlıyorum ki Allah'ın bize bazı şeyleri göstermek için çok etkili yöntemleri vardır...

Flört Etme Sanatı'yla ilgili Avustralya Sydney'den gelen bir e-posta mesajı beni çok güldürdü, onu da paylaşmak istiyorum:

"Adil Bey, dünyanın uzak ucundan merhaba! Türkiye'den gelen kuzenime gelirken mutlaka sizin kitaplarınızı bana getirmesini söyledim, hepsi geldi çok şükür. Önce flört kitabınızdan başladım ve sadece okumakla kalmadım, taktiklerinizi buradaki kanguru erkekler üzerinde uyguladım bile! Vallahi inanmazsınız çok güzel sonuçlar aldım ve bugüne kadar içimdeki flörtöz kadını meğerse ben tanımamışım. Sizin sayenizde o kadını ortaya çıkartıyorum halen çalışmalarım devam ediyor, taktikleriniz dünyanın uzak ucunda bile işe yarıyor teşekkürler!"

Kitapların bir mesafesi yok, sınırı yok; kitapların bir duygusu var ve okurla aynı duyguda buluşmayı seviyor kitaplar. Kitap yazıldıktan sonra zihnimden, kalemimden ve ruhumdan koparak kendi özgürlüğüne kavuşuyor. Her okur o kitabı okurken kendinden bir parça buluyor, belki her biri farklı bir duyguyu sahipleniyor ve kitaba sarılıyor. Sonra bir şehirde soğuk bir akşamüstü imza gününde bütün bu duygular birleşiyor ve sanki yıllardır görüşmemiş arkadaşların buluşması gibi bir araya geliyoruz, sohbet ediyoruz ve tanışıyoruz.

Oysa biz tanıyoruz birbirimizi, saklanmaya çalışan suç ortakları gibi, aynı duygunun hazzını sessizce yaşayan insanlar gibi, sessizce bakışıyoruz karanlıkta ve gülümsüyoruz kimselere belli etmeden... Çünkü bu duygular bizi birleştiriyor ve günün sonunda sadece duygular kalıyor elimizde. Bu kitabı okurken her satırında size bakıyorum çünkü biz aynıyız aslında...

1

CASANOVA FELSEFESİ

Flört etme sanatı üzerine bir kitap yazarken bu kitabın girişinde onun bir sözü olmalıydı.

Kimden bahsediyorum?

Dünya tarihine adını altın harflerle yazdırmış en flörtöz insan Giacomo Casanova'dan bahsediyorum elbette. Bazı insanlar yeryüzüne gönderilirken becerili oldukları alanda rakipsizdirler; kimse onların şöhretine yaklaşamaz çünkü doğuştan getirdikleri yeteneği adeta bir sanat eseri gibi ortaya koyarlar.

Giacomo Casanova flört etme konusunda eşsiz bir ruha sahipti ve kendisine verilmiş becerileri hiç çekinmeden sergilediği için dünya tarihinde yerini aldı. Tarih kaynaklarında onunla ilgili bilgileri incelediğim zaman asıl dikkatimi çeken nokta şu oldu:

"Casanova cinsellik konusunda değil, flört etme konusunda saplantılı bir adam."

Onun hakkında yazılmış kitapları incelediğimde bu çarpıcı tespit ile karşılaştım ve kadınlarla flört ederken onu motive eden güdüyü anladım:

"İlişkiler konusunda sonuç odaklı değil süreçli odaklı bir oyun tarzı vardı."

Bu ne anlama geliyor?

Flört etmeyi oyun gibi düşünecek olursak, Casanova bu oyunda galip gelmeye takıntılı bir adam değildi bilakis ona keyif veren oyunun kendisiydi. Flört ettiği kadınlarla cinsellik yaşamayı elbette istiyordu ama bu gerçekleşmediği zaman sabırla flört etmeye devam ediyordu. Onun bu özelliği yani sabırlı olması, flört ettiği kadına da keyif veriyor ve onunla sürekli iletişimde kalmaya alışıyordu çünkü Casanova ile sohbet etmek ve onun ilgisini kazanmak kadının hoşuna gidiyordu.

Dolayısıyla kitaba başlarken özellikle bu felsefenin altını çizmek istiyorum:

Flört, ilerleyen sayfalarda yer alan diğer tanımların öncesinde, bir oyundur. Bu oyundan keyif alanlar için vazgeçilmezdir ve bağımlılık yapar. Öte yandan, genel düşüncenin aksine flört sadece erkeklerin başlattığı bir oyun değildir. Casanova'nın yaşadığı 18. Yüzyılda muhtemelen flörtte ilk hamleleri erkek yapıyordu fakat günümüzde ilişkilerin tüm dinamikleri değişti ve bazı kadınlar bu oyunu hakkını vererek oynuyorlar.

Günümüzde erkekler flört konusunda çok geri kaldılar, diğer birçok alanda olduğu gibi, dolayısıyla bu kitap sadece kadınlara değil erkeklere de flört etme sanatı konusunda farklı pencereler açabilmek amacıyla yazılmıştır.

Kitabın yazılmasının bir başka sebebini ise şöyle açıklayabilirim:

İlişkiler üzerine yazdığım *50 Maddede İlişkiler* kitabımın önsözünde bir anekdot yer alıyordu, kısaca bahsetmem gerekirse:

Ankara'da 2019 sonbaharında gerçekleşen bir imza günümde yanıma torunuyla birlikte gelen yaşlı teyze benden Youtube kanalımda yer alan videolarda genç kızlara ilişkiler konusunda verdiğim tavsiyeleri bir kitap haline getirmemi istemişti. Bunun üzerine yazdığım 50 Maddede İlişkiler kitabını 2020 temmuz ayında okurlarıma sundum ve muazzam yorumlar aldım. Sadece ülkemizden değil, kardeş ülke Azerbaycan'dan gelen yoğun mesajlar da beni çok mutlu etti.

Bu arada bir nokta gittikçe daha çok dikkatimi çekmeye başladı. Kitabımı okuyan her yaştan insan, sadece kadınlar değil erkek okurlar da aynı şekilde, bana şu mesajı göndermeye başladılar:

"Hocam sen ilişkiler konusunda çok faydalı bilgileri bize aktardın fakat biz flört etmeyi bilmiyoruz, yeni insanlarla tanıştığımızda nasıl flört etmeliyiz?"

İşte bu soru, zihnimde bir şimşek çakmasına neden oldu ve Türkiye'de ilk defa uygulamalı olarak, yani farklı mekânlar içerisinde kurgu flört sahneleri yaratıp bir kitap halinde sizlere sunmaya karar verdim.

Bir kitap yazarken beni en çok motive eden unsur; zihnimde beliren fikrin beni o anda heyecanlandırmaya başlamasıdır. Öyle ki, flört etmenin sırlarını ve gizemlerini okurlarıma açıklamak, enteresan tüyolar vermek ve umarım bunlar sayesinde sağlıklı ilişkiler yaşamalarına vesile olma fikri bana heyecan verdi.

Üstelik Uluslararası İlişki Koçu unvanıyla uzun yıllardır gerçekleştirdiğim birebir seanslarda karşıma çıkan manzara bana gelen soruları doğrular nitelikteydi; yani bizim ülkemizde flört konusu hâlâ bir soru işareti olmaya devam ederken genelde insanlar flört aşamasını yaşamadan ciddi ilişkiye geçiş yapmaya çalışıyorlardı. Oysa bunların hepsi birbirinden farklı kavramlar ve bu kavramları iyice anlamadan yani oyunun kurallarını öğrenmeden aşk oyununda başarılı olmak neredeyse imkânsızdır.

Dolayısıyla bu kitabı yazarken hem kadın erkek ilişkileri üzerine bazı kavramları açıkça ortaya koymak hem de flört etme sanatından çarpıcı örnekleri okurlarıma sunmak istedim.

Biliyorum günümüzde herkes ilişkiler üzerine aklına estiği gibi yorumlar yapıyor, yakın çevrenizdeki arkadaşlarınız bile doğru veya yanlış olduğuna bakmadan sizlere akıl veriyor ve yönlendirme yapıyorlar. Bana gönderdiğiniz mesajlardan tüm bunların farkındayım ancak yine de ilişkiler üzerine önde gelen kavramları, oyunun kurallarını ve en önemlisi sizi aşk hayatınızda başarıya götürecek detayları bir de benden dinlemenizi öneriyorum çünkü bu kitapta size farklı bir pencere açıyorum.

O halde pencereyi açalım ve derin bir nefes alalım; başlıyoruz!

2

FLÖRT USTASI 007 JAMES BOND

İlk bölümde sizlere Casanova'dan bahsettim çünkü flört etme konusunda dünyaca ünlü bir figür olmasının yanı sıra simgesel bir öneme sahiptir. Size yine enteresan bir bilgi vermek istiyorum:

Yüzlerce milyon dolarlık sahneleriyle sinema tarihinin eşsiz karakteri James Bond filmlerini izlemeyen yoktur fakat çok az insan şu bilgiye sahiptir; James Bond filmlerinde çalışan senarist ekibi en çok flört sahnelerindeki diyalogları yazarken zorlandıklarını söylerler!

Neden mi?

Sebebi şudur: Bu kadar yakışıklı, karizmatik ve dünya genelinde alfa erkeği temsil eden bir karakter, filmlerde yer alan muazzam zeki ve güzel kadınlarla flört ederken tam olarak hangi cümleleri kullanmalıdır?

İşte bu sorunun cevabı kolay değildir, dolayısıyla senaristler flört diyalogları yazma konusunda uzman olan bir takım Amerikalı ilişki koçlarıyla çalışarak flört sahnelerinde diyalogları mükemmele yakın ölçüde yazmaya özen gösterirler.

Şöyle bir sahne düşünebiliyor musunuz?

James Bond bir uçurumdan atlar ve paraşütü açılmamasına rağmen paniğe kapılmaz, atletik hareketlerle havada takla atar ve son anda açılan paraşütün yardımıyla denize çok başarılı şekilde hafif iniş yapar. Ardından karakterimizi artistik şekilde kulaç atarken görürüz ve sahile çıkar, kumsalda muazzam güzellikte afeti devran bir kadın onu görür ve bakışlarını ona çevirir, James abimiz ona yaklaşır ve şöyle der: "Merhaba bayan, sizinle şuradaki barda birer lahmacun yiyelim mi, soğansız?"

Evet biliyorum böyle bir sahneyi düşünmek dahi istemiyorsunuz çünkü James Bond bu şekilde flört etmez, edemez! Ona yakışmaz, onun dünyayı kurtardığı filmlerdeki şanına şöhretine yakışmaz.

Peki nasıl cevap verir diye soruyorsunuz biliyorum ama oraya gelmeden önce, şu noktanın altını çizmek istiyorum;

James Bond filmlerinin sinema tarihinde en büyük gişe hasılatına ulaşmasının nedeni adamın muazzam aksiyon sahnelerinde başarılı olması falan değildir, asıl hüner bütün bunları yapan ana karakterin kadınlarla flört etme konusunda da eşsiz bir hünere sahip olmasıdır. Aksiyon sahnesi isterseniz binlerce aksiyon filmi bulabilirsiniz ancak dikkat ederseniz sinemada en sağlam aksiyon filmlerinde bile ana karakterin dünyayı kurtarırken arkasında bıraktığı bir başarısız ilişki vardır, yani dünyayı kurtarırken kadınları da etkileyecek düzeyde inandırıcı karakterlere sinemada rastlamak pek kolay değildir.

Örneğin doksanlı yılların en büyük aksiyon yıldızı Bruce Willis, hiçbir filminde kadınlarla flört edebilen bir ana karakteri oynayamadı. Zamanında benim de platonik aşk yaşadığım Demi Moore'un onu terk etmesine şaşırmamalı.

Yine doksanlı yılların aksiyon devlerinden Sylvester Stallone hiçbir filminde kadınlarla iki çift laf edememiştir, bunu beceremez. İtalyan aygırının bir röportajını okumuştum, aynen şunları söylüyordu:

"Ben hayatta her türlü zorlukla mücadele ederim ancak kadınlarla asla başa çıkamam."

Doğru söylüyor çünkü karşı cinsle flört etmek her

erkeğin harcı değildir, adeta doğuştan gelen bir yetenek gibidir.

Bu kısa bilgilerin ardından az önce kaldığımız kumsal sahnesine dönecek olursak James Bond şöyle flört edecektir:

James Bond kumsala çıkar, paraşütü açılmadığı için denize zorlu bir iniş yapmıştır ve mucize eseri hayatta kalmasına rağmen keyfi yerindedir, kumsalda çok güzel bir kadının ona şaşkınlıkla baktığını görünce hiç bozuntuya vermeden onun yanına gider ve şöyle der:

"Size bir içki ısmarlamayı hak ettim, öyle değil mi?"

Kadın gülümser ve teklife şöyle yanıt verir:

"Paraşütlerle aranız pek iyi değil anlaşılan."

Birlikte kumsaldaki bara geçmeden önce James son sözü söyler:

"Neyse ki kadınlarla daha iyi anlaşıyorum..."

Bu sahne hiçbir James Bond filminde yer almıyor çünkü böyle bir sahne yazılmadı ancak serinin tüm filmlerini izlemiş ve karakteri çok iyi tanıyan birisi olarak ajanın flört cümlelerine yakın bir örnek vermek istedim.

Aksiyon sahnesi gerek oyuncu için gerekse senarist için kolay olmasına rağmen flört sahnesini gerçekçi kılmak çok zor diyebiliriz çünkü bir kadın ve erkeğin arasında belirgin bir duygu yaratmak ve izleyenlerin gözünde bu sahneyi inandırıcı hale getirmek için flört cümleleri konusunda deneyimli olmanız gerekir.

Bizim ülkemizde flört kavramı henüz tam olarak anlaşılmış değil ve bunun bir yansımasını da yerli dizi ve filmlerde görmekteyiz.

İsmini vermeyeceğim, Türkiye'deki önde gelen yönetmenlerden bir tanesi bana birkaç hafta önce şunları söyledi:

"Biz Türkiye'de kaliteli aşk filmleri çekemiyoruz çünkü senaristler aşk nasıl yaşanır bu konuda fikir sahibi değiller, sürekli sağdan soldan diyaloglar çalarak aşk filmi senaryosu yazmaya çalışıyorlar ancak inandırıcı olmuyor ve senaryonun ayakları yere basmadığı zaman iyi bir film çekemiyorsunuz. Senariste çok basit bir flört sahnesi, tanışma sahnesi veya günbatımında romantik konuşma sahnesi yaz diyoruz, çocukça ergen diyaloglar yazıyor ve saçma sapan birkaç şaka ekleyip buna flört diyor."

İşte bu sebeple yabancı bir aşk filmini izlerken o duyguya girebiliyoruz ancak yerli dizi ve filmlerde diyaloglar yeterince gerçekçi olmayı başaramıyor.

Ünlü yönetmen arkadaşımdan bunları duyunca pek şaşırmadım, bunun iki sebebi vardı:

Yukarıda anlattığım şekilde James Bond filmlerinde dahi flört sahnelerini yazmanın kolay olmadığını biliyordum. Bu kadar büyük prodüksiyona sahip bir filmin senaryosunu yazan ekip bile flört sahneleri için dışarıdan danışmanlık alıyorsa bizim ülkemizde de aşk dizi ve filmleri üzerine çalışan insanlar flört sahneleri için profesyonel danışmanlık alabilirler.

Öte yandan bunu pek tercih etmediklerini de bizzat deneyimledik çünkü gerek Youtube videolarımdan gerekse kitaplarımdan bazı bölümlerin TV izlerken bir dizide veya filmde aniden karşılarına çıkması üzerine avukatlarım birçok senaristle ilgili hukuki işlemler yaptılar. Bu çalışmalar sonucunda yapımcıların bize ödedikleri yüklü tazminatlardan çok daha uygun bir bedel karşılığında bu senaryolar için benden profesyonel danışmanlık alabilirlerdi fakat sanırım daha maliyetli olunca hoşlarına gidiyor...

Dolayısıyla birebir başımıza gelen deneyimler de yönetmen arkadaşımın bana söylediklerini doğrular nitelikteydi. İşin ilginç tarafı, bu durumu senarist bir arkadaşım ile görüştüğümde bana şunları söylemesiydi:

"Benden her türlü senaryoyu isterler ancak ben aşk diyaloglarına asla girmem çünkü bunları yazabilmek için ilişki dinamiğini ve flörtöz konuşmaları çok iyi bilmek gerekiyor. Ben bugüne kadar hayatımda en fazla üç - beş ilişki yaşamış bir adamım onları da zar zor götürebildim, kadınlarla nasıl konuşulur nerede ne söylenir gerçekten hiçbir fikrim yok ve kendimi bu konuda eğitecek fırsatım olmadı!"

Bu sözlerin muazzam derecede samimi olduğunu düşünüyorum çünkü ülkemizde özellikle erkekler flört konusunda nasıl davranacakları yönünde fikir sahibi değiller ve üstünkörü bilgilerle karşı cinsle iletişim kurmaya çalışıyorlar, örneğin:

"Çok güzelsin."
"Senden çok hoşlandım."
"Gözlerimi senden alamıyorum."
"Ben hayatımda böyle güzellik görmedim." ve benzeri klasik replikler...

Şunu açıkça belirtmek istiyorum; ben bu cümlelerde flört emaresi görmüyorum çünkü başarılı flört cümleleri aynen Casanova'nın felsefesinde olduğu gibi sonuç odaklı değil, süreç odaklı bir beğeniyi ortaya koymalıdır.

Oysa karşı cinse yönelik yukarıdaki eskimiş beğeni cümlelerini söyleyen bir erkeğin tek amacı beğendiği kadınla bir an evvel cinsellik yaşamaktır.

Aslına bakılırsa flört etmeyi bilen erkek flört ederken dört aşamadan geçer:

- Bir kadın onun ilgisini çeker. Bu ilgi çekici unsur kadının güzelliği olabilir, bakışları ya da gülümsediğinde yanaklarında beliren gamzesi bile olabilir. Her erkeğin kadında beğendiği özellikler farklıdır ve aynı kadını on farklı erkeğe gösterdiğiniz zaman her biri kadında farklı bir fiziksel özelliği beğenebilir.

- Kadını tanımaya çalışır. Bu süreç sabır ister çünkü bazen kadını yemeğe çıkarmak için defalarca bunu teklif etmesi ve reddedilmesi halinde sabrını koruyarak dengeli şekilde ilgi göstermeye devam etmesi gerekir. Bu süreçte erkeği harekete geçiren kesinlikle cinsel arzuları değildir, aslında kadını merak etmekte ve birlikte ne kadar uyumlu olacaklarını anlamaya çalışmaktadır. Uyum derken, flört etmeyi seven erkekler mizah ararlar yani birlikte gülebilmek ve kadının özellikle depresif bir havada olmaması bu adamların öncelikli tercihidir. Bu tip flörtöz adamların felsefesi şudur: "Hayat yeterince zor ve bunalımlı, bir de depresif ve sıkıcı bir insana hayatımda kesinlikle yer yok." Dolayısıyla kadının tarzını ve zekasını anlamaya çalışırlar.

- Kadınla birlikte vakit geçirirken keyif aldığını hisseden bir adam kadının havasına kapılır ve ona hayranlık duymaya başlar. Burada sohbet ve mizah konularında uyum belirleyici olmaktadır. Dikkat ederseniz, erkeklerin duygu üretmeleri sadece kadını iyice tanıdıktan sonra olabiliyor çünkü duygusal anlamda yoğun varlıklar değiliz. "Ben bir adam tanıyorum aşırı derecede duygusal" diyenler vardır fakat istisnalar kaideyi bozmaz, erkeklerin duygu üretmesi zaman alır. Bu durum evrenseldir ve erkek beyninin mantık odaklı olmasıyla ilgilidir.

- Son aşamada flörtöz erkek kadına yoğun bir arzu duymaya başlar. Önce kadına ilgi duymuş, ilgi duyduğu için kadını tanımaya çalışmış ardından kadınla birlikte vakit geçirdikçe kadına bağlanmış ve duygu üretmeye başlamıştır. Bu adam süreç odaklıdır, flört aşamalarından geçerken sabırlıdır ve her adımda kadını biraz daha keşfetmeye çalışır çünkü flört etme sanatı bu adam için zevkli bir oyun gibidir. Cinsellik için asla acele etmez ve en önemlisi, flörtü seven erkekler bir duygu hissetmedikleri ve birlikte eğlenemedikleri kadınlarla cinselliği ASLA DÜŞÜNMEZLER.

Hangi erkekler cinsellik için duygu aramazlar?

Bu sorunun cevabını çok iyi biliyorsunuz: Zambiya sırtlanları!

Kadın erkek ilişkileri konusunda ülkemizde sırtlan tabirini ilk olarak 2016 senesinde kullandım. Bu süre zarfında sırtlan tabiri iyice yayıldı ve her yerde karşınıza çıkıyor olabilir. Bu gayet normal çünkü bazı kadınlar kendilerine yoğun ilgi gösteren ve güzel sözlerle arzusunu ortaya koyan adamların sonra aniden ortadan kaybolmaları nedeniyle bunalım yaşıyorlar.

Kadınlara sadece cinsel odaklı yaklaşan erkekleri "sırtlan" metaforuyla deşifre etmiş oldum.

Bir sırtlan atasözü der ki: "Aşk yoktur, seks vardır!"

Buna benzer sözler duyduğunuz zaman, karşınızda bir sırtlan olduğunu göreceksiniz.

Bir sırtlan erkeğin flörte dair yukarıda saydığım dört aşamayla hiçbir ilgisi yoktur, o sadece arzuyla hareket eder ve nefes alan her kadını arzulayabilir. Bu hastalıklı ruh halini gizleyebilmek için kadınların gözünü boyayan süslü cümleleri kullanır ve bu cümleler her zaman aynıdır:

"Çok güzelsin."
"Daha önce hiç böyle hissetmedim."
"Gerçek aşkı sende buldum."
"Sensiz gecelerin sabahı olmuyor."

Sonuncusu çok arabesk oldu farkındayım ama itiraf edin bu cümleleri yeni tanıştığınız bir erkekten duymak sizi etkilemez miydi?

Bu cümlelerde yoğun duygu var gibi görünebilir fakat aslında duygu kırıntısı bile yok çünkü bir erkek en az iki - üç aydır tanımadığı bir kadına yönelik duygu üretemez; dolayısıyla daha ilk haftalarda bunları duyduğunuz zaman hemen yükselmeyiniz. Bunlar gerçekçi cümleler değil, sadece sizi etkileyip pul koleksiyonunu göstermek istiyor, hepsi bu.

Eğer bu bölümdeki ana karakterimize dönecek olursak; kadınlarla flört etme konusunda tam bir uzman olan James Bond asla bir sırtlan değil, tam aksine alfa erkeği temsil ediyor. Zaten bunu ortaya koymak adına senaristler serinin yayınlanan son filminde Bond'un sarışın Fransız güzele âşık olduğunu iyice vurguladılar.

James Bond gibi bir adam, beğenmediği, birlikte gülemediği ve zekasıyla aklını başından almayan bir kadınla asla yatmaz. Dünyayı kurtarma konusunda yoğun eğitim almış bir ajan pekâlâ cinsel dürtülerini de dizginleyebilir.

Bütün bu bilgilerin ardından sırtlan erkek ile flörtöz alfa erkek arasındaki farkı özetliyorum:

Sizinle cinsellik yaşamak için acele ediyorsa
- SIRTLAN

Sizi tanımaya çalışmıyor ve hayatınızla ilgili sorular sormuyorsa
- SIRTLAN

Sizinle bir araya geliyor ve aranızda hiç sohbet yok birlikte gülemiyorsunuz ama yine de size deliler gibi ilgi göstermeye devam ediyorsa - SIRTLAN

Tanışalı daha bir hafta olmasına rağmen size daha önce hayatınızda hiç duymadığınız iltifatlar ediyor, adresinize çiçekler gönderiyor, size bir prenses gibi davranıyorsa - SIRTLAN

Öte yandan;

Sizi tanıma konusunda acele etmiyor, sabırlı davranıyor ve hemen her gün sizinle iletişimde kalmaya özen gösteriyor
- FLÖRTÖZ ALFA

Görüşmelerinizde çok eğleniyorsunuz, saatler su gibi akıp geçiyor ve sohbet etme konusunda hiç zorlanmıyorsunuz, konuyu asla cinselliğe getirmiyor
- FLÖRTÖZ ALFA

Size sorular soruyor, sorunlarınızla ilgileniyor ve birlikte geçirdiğiniz her anı keyifli hale getiriyor

- FLÖRTÖZ ALFA

Tanışalı iki ay olmuş ve sizi tanıdıkça size olan ilgisi artmış

- FLÖRTÖZ ALFA

Bu farkı ortaya koyduktan sonra şunu belirtmeliyim: sırtlan erkeklerin aşırı ilgi tuzağına sıklıkla düşen kadınların genelde en büyük hatası, erkeğin aşırı ilgisini beğeni sanmalarıdır, oysa ilgi beğeni değildir. İlgi sadece ilgidir hepsi bu.

Bir erkeğin size ilgi göstermesi sizinle flört ettiği anlamına gelmez çünkü daha önceki sayfalarda yer verdiğim gibi flört eden erkek o kadını tanımaya çalışır ve sadece cinsel dürtülerle hareket etmez. Ayrıca sizinle flört eden erkek aynı anda birkaç kadınla flört etmez oysa size ilgi gösteren bir adamın aynı anda kaç yüz tane kadına ilgi göstermekte olduğunu asla bilemezsiniz.

Peki enteresan bir soru: sizce flörtün cinsiyeti olur mu?

3

FLÖRTÜN CİNSİYETİ OLMAZ

İlk bölümde emektar Casanova'dan bahsettim, onun döneminde belki ilk adımı erkekler atıyordu ve flörte yön veriyorlardı ancak o dönem çoktan kapandı. Artık yeni bir dönem yaşanıyor ve özellikle milenyum çağı denen bu süreç ilişki dinamiklerini tamamen değiştirdi.

Yaşadığımız dönemde flörtün cinsiyeti yok diyebilirim. Flört oyunu dediğimiz bu oyunda yetenekli olan herkes becerilerini ortaya koyabilir dolayısıyla flörtün sözlük anlamı, cinsel tercihi ne olursa olsun tüm insanlar için geçerlidir.

Flört: Kur yapmak. Türkçe tercümesi bu şekilde,

son derece kısa ve öz.

Peki "*kur yapmak*" ne anlama geliyor?

İşte bu noktada çok acayip tanımlamalar karşıma çıktı:

- Beğendiğini belli eden tavırlar içerisine girmek
- Cilveleşmek

"Aha ben buradayım, görmüyor musun!" der gibi dikkat çekmeye çalışmak

"Nörüyon?" sorusuyla başlayan ilgi gösterme süreci

Ve benzeri buram buram kırsal tanımlamalar bence çok lezzetli ama yeterli değil.

Aslına bakarsanız kur yapmak tabirini Fransızcadan aldığımızı Marmara Üniversitesi Fransızca Kamu Yönetimi Bölümünde okuduğum yıllarda bir hocamız söylemişti.

Fransızcada kullanılan tabir: "*Faire la cour.*"

Günlük dilde kullanılan her tabirde olduğu gibi bu tabirin de Fransız toplumsal yaşamında bir tarihçesi var, önce ona bakalım:

16. yüzyılda kullanılmaya başlanan tabir şu anlama geliyordu; kralı ziyaret eden ve bazı talepleri olan insanların, bunlara olumlu cevap alabilmek adına kralın gözünde olumlu bir intiba yaratma çabası.

Dikkat ederseniz cinsiyetten tamamen bağımsız bir tarihsel tanımlama, yani erkek olsun kadın olsun, halktan çeşitli bireyler o dönemde kralın huzuruna çıkıyorlar ve burada taleplerini krala iletirken onda bir sempati yaratmaya çalışıyorlar.

Bir insana kendini beğendirmek oldukça zor iştir fakat düşünüyorum da hele de bir krala kendini beğendirmek ve taleplerini kabul ettirmek oldukça zor olsa gerek!

17. yüzyıldan itibaren ise bu tabirin halk arasında kullanımı değişiyor; kraldan istekte bulunan insanların bu değişimde bir sorumluluğu var mı bilemiyorum ancak tabirin anlamı şu şekilde değişiyor:

"İlgi gösterdiği insanı ayartmaya, baştan çıkartmaya çalışmak."

Sanıyorum flörtün ve kur yapmak tabirinin bugünkü anlamını bulmuş olduk.

Dolayısıyla flört etme sanatı şu aktiviteleri içeriyor:

- Beğenisini dolaylı yoldan ve zeka pırıltısı içeren cümlelerle belli etmek.
- İlgi göstermek.
- Kendini beğendirmeye çalışmak.
- Keşfetmek.
- Tanımaya çalışmak.

- Birlikte eğlenmek.
- Onaylamak ve onaylanmak.
- Özlemek.
- Arzulamak.

Bana şunu söyler misiniz; yukarıda saydığımız fiiller neden sadece erkeklere özgü oluyormuş?

Bir kadının beğenisini karşı cinse dolaylı yoldan hissettirmesi yanlış bir şey midir?

Dünya değişiyor ve yeni nesiller özellikle 16-25 yaş kitlesinde kızlar beğendikleri çocuğa duygularını rahatlıkla dile getiriyorlar. Dolayısıyla flörtün cinsiyeti olmaz dediğimde onlar beni gayet net bir şekilde anlıyorlar.

Gençlerin bize göre bir avantajları var; yeniliklere hızla uyum sağlıyorlar.

4

NEDEN FLÖRT EDEMİYORSUN?

İş hayatında şöyle bir söz vardır: "Eğer yaptığın işi bir oyun gibi görebilirsen başarılı olursun", bu durum flört ederken birebir olarak geçerlidir.

Karşı cinsle iletişimde keyif alıyorsan ve onun özelliklerini keşfetme süreci sana zevk veriyorsa kesinlikle başarılı olursun.

İlişki Koçu olarak birebir çalıştığım çok sayıda vakada şu cümleleri duydum:

"Adil Bey hayatta her konuda başarılı oldum ama şu aşk meşk işlerinden anlamıyorum."

"Ben flört etmeyi beceremem bana zor geliyor bu olaylar."

"Karşı cinsi anlamıyorum ve başarısız oldukça sinirlerim bozuluyor."

"Erkekleri nasıl anlayabilirim, sanki uzaylı gibiler!"

"İş yerinde çok hoşlandığım bir adam var fakat bir türlü ona duygularımı açamıyorum, ne yapmalıyım?"

"Ben biriyle tanışınca hemen ciddi ilişki yaşamak istiyorum, flört aşaması bana saçma geliyor!"

Bu ve benzeri cümleleri binlerce insandan duydum ve şunu itiraf etmeliyim ki aralarında bir tanesi beni genelde gülümsetmiştir:

"Ben flört etmeyi beceremem, bana zor geliyor bu olaylar!"

Bunu ne zaman duysam şöyle yanıtlarım: "Bana dört ay vermelisin, seni flört ederken bir sanatçı haline getireceğim."

Bunu duyunca bazı danışanlar bana uzaylı gibi bakarlar; zira karşı cinsle iletişim konusunda kendilerine güvenleri yok denecek kadar azdır ve yıllardır bu duruma alışmış oldukları için pozitif bir değişimin düşüncesi bile onları ürkütmeye yeter.

Oysa ben flörtün imkânsız olduğuna inanmıyorum ve özellikle koçluk yaptığım insanların aşk hayatında meydana gelen olumlu değişiklikler benim için büyük motivasyon kaynağı olmuştur.

Bir süre onu yakından tanıyıp birebir çalıştıktan sonra danışanımın ruhunda saklı kalmış cevheri tespit etmek bana keyif verir. Cevheri yeterince işleyip onu bir mücevher haline getirmek benim sanatımdır, hayatta bana bundan daha çok keyif veren bir şey olduğunu sanmıyorum. Bunu yapabilmek için öncelikle danışanın ruhunda gördüğüm cevherin ortaya çıkmasını engelleyen faktörleri belirlemem gerekir.

Siz farkında olmadan flört etmenizi engelleyen bazı gizli saklı sebepler olabilir, bilinçaltınızda gizlenen bu unsurlar siz ne zaman karşı cinsle diyaloğa girseniz sizin yolunuza taş koyarlar:

- Geçmişe dayalı endişe ve korkular.
- Yıllardır kurtulamadığınız travmalar.
- Bazı kadınlarda babaya yönelik, bazı erkeklerde ise anneye yönelik gizli veya açık nefret duygusu. Bu nefret zamanla karşı cinse yönelik genel bir nefrete dönüşmüş olabilir. İngilizcede bununla ilgili çok kullanılan bir tabir var: "*Daddy Issues.*"

Küçük yaşlarda babasından yeterince ilgi ve sevgi görmemiş olduğu için öncelikle babasından ve sonra da karşı cinsten nefret etmiş kadınların sayısı dünya genelinde oldukça fazladır, bu sebeple dünyanın en çok kullanılan dili olan İngilizcede hemen herkesin bildiği yukarıdaki tabir ortaya çıkmıştır.

"Küçük yaşlarda babamdan nefret ettim" diyen bir kadının veya "Annemden nefret ederek büyüdüm" diyen bir erkeğin yapması gereken uzman psikolog veya psikiyatrist yardımı almak ve terapiyle bu geçmiş travmaları yenmeye çalışmaktır.

Bu nokta son derece önemli çünkü karşı cinse yönelik bir nefret bırakın flört etmeyi, karşı cinsle en ufak bir diyalog kurmanıza bile engel olur. Geçmişte size travma yaşatmış ebeveynin davranışlarını size anımsatan bir insan, farkında olmadan travmanızı tetikleyebilir ve doğal olarak siz ona tepki göstermeye başlarsınız. Oysa o sizin yaşadığınız travmayı bilmediği için sizden hemen uzaklaşır ve bu durum, yani karşı cinsin sürekli sizden uzaklaşması durumu, sizdeki travmayı iyice derinleştirebilir.

Bunları yaşamamak adına ve geçmişe dayalı olayların sizde bıraktığı tahribatları ortadan kaldırmak için mutlaka bir uzman terapiste başvurmanız çok faydalı olacaktır. Yüzleşmek ve geçmişle hesaplaşmak muazzam bir özgürlük hissi ve rahatlama sağlar, sonrasında flört etme sanatında uzmanlık kazanmaya başlarsınız.

Dolayısıyla flört etmenizi engelleyen ve geçmişten gelen çeşitli olaylar varsa öncelikle bu yaraları iyileştirmenizi ve sonrasında flört egzersizlerine başlamanızı öneriyorum.

Öyle olaylarla karşılaştım ki bu noktayı özellikle belirtmek istedim çünkü bazen flört etmeniz için tüm koşullar hazırdır ve hatta sosyalleşme konusunda hiçbir sıkıntınız olmayabilir ama karşı cinsin söylediği bazı şeyler sizi aşırı derecede kızdırıyor olabilir. Bunu yaşayan çok sayıda insan var, aslında onlar flört etme sanatında büyük bir potansiyele sahipler ancak bozuk peyniri çöpe atamıyorlar.

Peynir nerden çıktı diyorsanız, açıklıyorum:

Evinizde bir teneke keçi peyniri bulunuyor fakat peynir zamanla bozuldu ve koku yapmaya başladı. Siz onu atmak yerine sürekli pencereleri açıyor ve evi havalandırıyorsunuz. Oysa bir süre sonra koku yeniden evi sarıyor ve siz çare olarak yine pencereleri açıyorsunuz. Bu döngü yıllarca devam ediyor, işte travmalar da böyledir.

Karşı cinse yönelik gizli bir nefretiniz varsa işin en kötü yanı ne biliyor musunuz?

Daha ilk görüşmede bunu hemen anlayacaktır...

Sizi çok beğenmiş olsa bile sizdeki erkek/kadın nefretini anladığında tek çareyi sizden uzaklaşmakta bulacaktır.

Size gerçek hayattan yaşanmış bir olay anlatmak istiyorum, bu durum benim çok yakın bir dostumun başına geldi...

5

YAŞANMIŞ BİR FLÖRT VAKASI

Daha önce izlemiş olanlar Youtube kanalımdaki videolardan aşina olabilirler; ben etrafımdaki sırtlanları deşifre ediyorum. Bazıları yirmi senelik dostum olmasına rağmen kadınlara yönelik tavırlarını her zaman eleştiriyorum. Bununla kalmıyorum bu tip sırtlanları deşifre etmeme rağmen yine de sırtlanların peşinde koşan bazı kadınları da eleştiriyorum çünkü onlar ilgi gösterdikçe bu sırtlanlar daha da şımarıyorlar.

Fakat şimdi anlatacağım hikaye bir sırtlana ait değil, kendisi benim liseden arkadaşım ve son derece düzgün beyefendi bir adam. Her şeyden önce bir tarzı var ve kadınlara ince davranmayı sever, kaba saba hareketlerde bulunmaz.

Bir gün sosyal medyadan yazıştığı bir kadını dışarıda yemeğe davet ediyor ve aralarında bir buluşma tarihi belirliyorlar.

Hikayeyi daha kolay anlatabilmek için;

Arkadaşım X,

Buluştuğu kadın ise Y olsun.

X İstanbul'da çok nezih bir restoranda rezervasyon yaptırıyor ve yemekten yirmi dakika önce mekâna varıyor. Bu arada yaptığı araştırma neticesinde Y'nin doğum gününe sadece birkaç gün kaldığını öğreniyor ve pasta siparişi veriyor. Yemeğin sonrasında sürpriz bir şekilde pasta gelecek ve kutlama yapacaklar, tabi Y'nin bu durumdan hiçbir şekilde haberi yok.

Y mekâna geldiğinde bir süre etrafa bakınıyor ve X ona köşedeki masadan el sallıyor, "Buradayım" der gibi nerede olduğunu göstermeye çalışıyor fakat bunu gören Y masaya doğru yürürken birden suratı düşüyor ve zoraki bir el sıkışmayla masaya oturuyor.

X bu durumu anlamıyor ve basit erkek beyniyle şunu düşünüyor: "Acaba farkında olmadan ne yaptım?"

Y bir süre sonra zoraki şekilde sohbete katılıyor birkaç espriye eşlik ettikten sonra laf arasında şunu söylüyor: "Sen düşündüğüm kadar ince bir adam değilmişsin, daha mekâna girdiğim anda bunu kavradım."

X "Neden?" diye soruyor ve Y onu şöyle yanıtlıyor:

"Bana oturduğun masadan el kol hareketleri yapman bana babamı çağrıştırdı, kendisiyle pek anlaşamayız ve yıllardır görüşmüyorum, onun da böyle kaba saba davranışları vardır."

Sonraki diyalogları aynen yazıyorum:

X: "Ben sana el kol hareketleri yapmadım sadece gülümseyerek el salladım; mekânda etrafa bakarken beni görebilmen için, buna mı bozuldun?"

Y: "Kusura bakma yine de hoşuma gitmedi, bendeki bazı öfkeleri ortaya çıkardı."

X: "Anladım fakat ben senin babanla ya da bir başkasıyla yaşadıklarını nereden bilebilirim ki? Yine de kaba bir davranışta bulunmadığıma eminim çünkü sadece el salladım. Günlük hayatta el sallamak gibi düşün, bunu yapan ilk kişi ben değildim herhalde."

Y: "Hımm anladım bir de ukalasın, bu da yine aynı kişinin özelliklerinden biriydi, umarım daha fazla benzer özelliğin yoktur."

X: "Ben hiç ağzımı açmasam daha iyi olacak sanırım çünkü her yaptığımı babana benzetmeye çalışıyorsun gibime geliyor. Oysa ben seni tanımak istemiştim."

Y: "O zaman ona benzer şeyler yapma lütfen!"

X: "Babanı henüz tanımadığım için ona nasıl olup da bu kadar benzediğimi ben de anlamadım açıkçası. Peki madem konuyu sen açtın, neden bu kadar nefret ediyorsun kendisinden?"

Y: "Bunlar özel konular henüz o kadar tanışmıyoruz."

X: "İyi de bu durum benim senle muhtemelen yaşayacağım bir ilişkiyi şimdiden berbat etti, yani ben de bunun bir parçası oluverdim!"

Y: "Evet evet kesinlikle onun gibi ukala birisin sen de..."

X: "Yazık ya gerçekten yazık, bak ben tüm iyi niyetimle buraya geldim ve seni tanımak istiyorum, artık bu konuyu kapatsak ve biraz başka konulardan konuşsak?"

Y: "Peki tamam senin dediğin gibi olsun ama önce ben bir lavaboya gitmek istiyorum, kendimi pek iyi hissetmiyorum, lütfen sen de kusura bakma bazı şeyleri hatırladıkça beni boğuyor, aslında seninle alakası olmadığını ben de biliyorum."

Y bu sözlerin ardından tuvalete gider ve yaklaşık yirmi dakika ortalıkta görünmez fakat geri döndüğünde bir süredir tuvalette ağlamış olduğu, kızarmış gözlerinden bellidir. Masaya döndüğünde bir süre X'in karşısında sessizce oturur, halinden göründüğü kadarıyla ağlamamak için kendini zor tutmaktadır.

Bakınız bir erkek için en zor durumdan bahsediyorum; dünyanın hiçbir coğrafyasında hiçbir erkek ağlayan bir kadın karşısında nasıl davranması gerektiğini bilemez.

Bu bilgi henüz erkek beynine yüklenmemiştir.

Elini kolunu nereye koyacağını, ona nasıl yardımcı olması gerektiğini bilmez ve ağlayan kadının karşısında bir yavru panda gibi oturur.

X de aynen bir yavru panda gibi usul usul ağlayan Y 'yi izliyor ve bütün bunların nasıl meydana geldiğini anlamakta güçlük çekiyor.

Filmi biraz başa saralım, merak etmeyin Tarantino kurgusu yapmayacağım:

Öncelikle buluşma yerini belirliyorlar, İstanbul'un en gözde restoranlarından bir tanesinde akşam yemeği için sözleşiyorlar.

X buluşmaya gecikmiyor hatta erken gidiyor, pastayı getirtiyor ve Y'ye güzel bir sürpriz yapmak için garsonlarla her şeyi organize ediyor.

Y restorana geldiğinde, açık hava ve son derece gürültülü bir ortam olması nedeniyle etrafına bakınıyor ve X'in oturduğu masayı bulmaya çalışıyor, daha mekâna girdiği anda onu fark eden X ise kollarını kaldırıp onun dikkatini çekmeye çalışıyor.

X telefonla onu arayıp ben şu masadayım diyemez çünkü o kadar gürültülü bir atmosferde kimse telefonda birbirini duyamaz.

X kalkıp Y'nin yanına gidebilir ve bunu yapmayı aklından geçirdiği anda Y onu uzaktan görüyor ve yanına doğru yürümeye başlıyor.

Bu havuz problemini çözebildiniz mi?

Masaya dönelim...

Y tuvaletten döndükten sonra bir süre masada ruh gibi oturuyor, yaklaşık beş dakika sonra şunları söylüyor:

"Kusura bakma kendimi kötü hissediyorum, sanırım bunun en büyük sebeplerinden biri de daha bu sabah telefonda babamla tartışmam oldu. Beni aylar sonra ilk defa aramak için bu sabahı beklemiş ve onunla konuştuktan sonra bütün gün stresliydim bu gerginlikten kurtulamadım. Şimdi de senin daha ilk hareketinden babamı anımsatmış olman sanki onun bir ruh gibi sürekli beni takip ettiği duygusunu yarattı. Onun yüzünden paranoyak olmaya başladım, biliyorum beni anlamayacaksın ama durum böyle. Ne desen haklısın seni üzdüysem lütfen kusuruma bakma."

X: "Emin ol hiç sorun değil, haydi buradan gidelim."

Y bu tepkiye şaşırıyor ve X de o anda masadan kalkıyor. Birlikte restorandan ayrılmadan önce X pastayı paket yaptırıyor ve arabada Y'ye teslim ediyor, sarılıyorlar.

Sanıyorum ki aralarında duygu dolu anlar yaşanıyor. Detayları bilmiyorum.

Sonrasında Y'yi evine bırakıyor ve kendini üzmemesini söylüyor çünkü *her şeyin bir çaresi vardır...*

Daha sonra ne mi oldu?

X aynı akşam bana geldi ve durumu anlattı.

Ertesi gün Y'yi arayıp baba travmasını yenmesi için uzman bir terapist önermesini söyledim, benim de tanıdığım bu terapiste birkaç ay boyunca giden Y şimdi daha iyi durumda ve X ile ilişkisi harika gidiyor.

Aslına bakarsanız her şey yüzleşme ile başlar.

Sorunlarımızla yüzleşmek ve kabullenmek neredeyse onları çözmek anlamına geliyor.

6

FLÖRT EDERKEN BİR NUMARALI KURAL

Ben oyunları severim, hayatın kendisinin başlı başına büyük bir oyun olduğunu düşünürüm. Oyunun kurallarını anladığınız zaman oyun çok daha keyifli hale gelir.

Einstein tam olarak bundan bahsediyor;

"Bir oyunda başarılı olmak istiyorsan öncelikle oyunun kurallarını öğreneceksin; sonra da diğer oyuncuların hepsinden daha iyi olmak için antrenman yapacaksın."

Ben bu sözlerin flört etme oyununa birebir olarak uyduğunu düşünüyorum çünkü karşı cinsle ne kadar erken yaşta iletişime geçtiyseniz flört konusunda o kadar deneyimli olursunuz.

Çevremde farklı sosyal ve ekonomik koşullardan gelen insanlar var, flört ederken zorlanmayanların özelliklerini şu şekilde sıralayabilirim:

- Rahat ve modern bir aile yapısında büyümüş, örneğin küçük yaşlarında anne babasından "Karşı cinsten uzak durmalısın" gibi dayatmalara maruz kalmamış,

- Kendi başına büyümüş ve hayatta kendi kararlarını verme özgürlüğüne sahip olmuş, örneğin annesi veya babası onun kararlarına karışmıyor ve onun hayatına burnunu sokmuyor,

- Başka insanların yorumlarının hiçbir önemi olmadığını anlayacak kadar hayat tecrübesine sahip, örneğin bir ortamda karşı cinsle iletişim kurmaya çalıştığı ve reddedildiği zaman çevredekilerin yorumlarından hiçbir şekilde etkilenmiyor,

- Özgüveni yüksek, muhtemelen bunu hayatta kendi başına elde ettiği başarılarla sağlamlaştırmış ve yıllar içerisinde kendine güveni yükselmiş,

- Bol kitap okumuş kelime dağarcığı çok zengin ve kendini ifade edebilme becerisini yüksek düzeyde geliştirmiş,

- Mizah anlayışı çok yüksek, rahatlıkla her durumda espri yapabilen ve kendisine yapılan esprileri de kaldırabilen, yani kesinlikle alınganlık yapmayan,

- Hayatta çeşitli zorlukları ve girdapları yaşamış olan, dolayısıyla karşı cinsle diyaloğa girmenin son derece uygar bir davranış olduğunu bilen insanlardır.

Belli bir yaşa gelmiş ancak hayatında hep garantici olmuş, kendisine heyecan veren olaylardan kaçmayı tercih etmiş bir insan için flört etmenin neden bu kadar zor olduğunu anlayabiliyorum. Onlar adrenalin duygusunu henüz keşfetmemiş insanlardır, dolayısıyla biraz heyecan yaşadıkları anda hemen panik yapmaya başlar ve kaybetme korkusunu hissederler.

Flört ederken ilk kural budur: RAHAT OLMALISIN.

Eğer kendini rahat hissetmediğin bir ortamda ve insanların arasındaysan flört etme. Senin için doğru zaman ve mekân gelecektir ama şu anda değil ve burada değil. Acele etme ve illa flört etmek zorundayım diye düşünme çünkü hiçbir şey yapmak zorunda değilsin.

Bazı insanlar sürekli kendilerini zorlamaya devam ederler, çevre baskısı, yapamıyorum endişesini kırma isteği ve benzeri sebeplerle flört etmek zorunda hisseder ve sağa sola yazmaya devam ederler oysa bunu çok saçma ve üstelik çok riskli buluyorum.

Acele eden insanlar her zaman kaza yaparlar.

Önemli olduğu için flört sanatındaki bir numaralı

kuralı tekrar ediyorum:

"Kendini rahat hissetmediğin hiçbir ortamda flört etmeye çalışma."

Eğer bu oyunda kendini galibiyete odaklıyorsan flört edemezsin, neden mi?

Flört ederken kazanmak diye bir şey yoktur. Galibiyet yoktur.

Asıl olan, bana kalırsa her oyunda olduğu gibi, flört ederken keyif almaktır ve özellikle de bu oyunu seninle uyumlu şekilde oynayabilen bir partner bulduğunda, flört senin için dünyanın en keyifli oyunu haline gelecektir. Sadece kendini fazla kaptırmamalısın.

Ne yazık ki, ilişkilerde sağa sola akıl veren insanlar bile, kendi ilişkilerinde öyle bir kaptırırlar ki size akıl verenlerin kendi özel hayatlarında her şeyi berbat ettiklerini ve kısa zaman içinde paramparça olduklarını görebilirsiniz.

Bunun nedeni oyunun ilk kuralını unutuyor olmalarıdır: *Rahat ol ve kendini kaptırma.*

Zihinsel olarak bu rahatlık seviyesine erişebilmek için karşı cinsle bol bol sohbete girmenizi tavsiye ederim, örneğin kitapçıdasınız ve yanınızdaki insan da benzer kitaplara bakıyor, şunu sorabilirsiniz;

"Bu tip kitaplara bakıyorum ama daha önce benzerlerini okumadım, acaba bana bir tavsiyeniz olur mu?"

Muhtemelen bu satırları okuyan bazıları şöyle düşünecektir;

"Bu soru nereye varacak ki? Yani bunu sormamın ne anlamı var flört edeceğim kişiyi kitapçıdan mı bulacağım ben?"

Bunu soranlara önerim, kitabın başından itibaren buraya kadar olan kısmı lütfen bir kez daha ve dikkatle okuyunuz. Flört asla sonuç odaklı bir oyun değildir, tam tersine süreç odaklıdır. Gireceğiniz her sohbetin size sonuç getirmesini beklemeyin, elbette karşı cinsten gördüğünüz her insana "Selam naber?" diye laf atmak zorunda değilsiniz ancak karşı cinsle iletişime geçmekte zorlanıyorum diyorsanız günlük hayatta karşınıza çıkan fırsatları değerlendirin.

Şunu unutmayın: Başlattığınız bir sohbetin nereye varacağını asla bilemezsiniz...

"Tipinden çok kaba birine benziyor ben bununla kitap sohbetine giremem."

Bilemezsiniz, bana kalırsa insanların yüzde seksen gibi ciddi bir kısmı önyargıları nedeniyle belki de çok uyumlu bir ilişki yaşayabilecekleri kişilerden uzak durmayı tercih ediyorlar.

Bazı erkekler ise şu hatayı yaparlar:

"Abi bu kız hiç tipim değil, üstelik gözlüklü ve çok kısa boylu, buna kitap falan soramam."

Karşı cinsten bir insanla konuşurken amacınız

haftaya perşembe akşamı halay çekmek ve düğün pastası kesmek değil; amacınız kendi zincirlerinizi kırmak ve sosyal bir insan haline gelmektir. Uzaylı değilsiniz, flört konuşma sanatıdır ve siz de bu sanatı öğrenmek istiyorsanız konuşmayı deneyin.

Söze girdiniz ve o insan size çok antipatik bir bakış attı, yani onu rahatsız ettiğinizi size hissettirdiyse o zaman ısrarcı olmazsınız ve hemen geri adım atarsınız. Çok basit.

Asla ama asla ama ASLA, bir insana basit bir soru sormak kabalık değildir.

Asıl kabalık; ısrarcı olmaktır.

Az önceki sahneye dönelim;

Kitapçıdasınız ve polisiye kitaplara bakıyorsunuz, şu anda okurumun bir papatya olduğunu varsayıyorum ve diyelim ki bir erkek size doğru yaklaştı aynı bölümde kitaplara bakıyor, fakat dikkati tamamen kitaplarda ve kendinize şunu soruyorsunuz: "Acaba ona nasıl bir sinyal verebilirim?"

Bu arada aklınızdan şu endişe geçiyor:

"Sinyal verirken basit görünmek istemiyorum Adil Beyciğim!"

Sanırım iletişim kurmanın basit görünmek endişesi yarattığı tek ülke biziz...

Neyse, kitapçıdaki adama şu soruyu sordunuz:

"Sizi rahatsız etmek istemem, fakat daha önce

hiç polisiye okumadım ve rastgele bir kitap almak istemiyorum, bir tavsiyeniz olur mu?"

"Ya hocam ben bunları sorarken rahat olamıyorum!" diyenlere cevabım; sizi anlıyorum...

7

RAHAT OLMAK DENEYİMDEN GEÇER

Yukarıda anlattığım, kitapçıda flört başlangıcı hikayesine cevaben: "Bence ilk adımı her zaman erkekler atmalıdır" diyen anlayışı yakından tanıyorum. Onlara anti tezlerimi sekizinci bölümde ileteceğim fakat önce İtalya'da yıllar önce başımdan geçen bir olayı anlatmak istiyorum çünkü biliyorum ki gerçek hayattan yaşanmış hikayeler bir mesajın ulaştırılması için her zaman daha etkilidir.

Sene 2006...

Milano'dayım. Yüksek Lisans yapıyorum ve bu arada kısa zamanda İtalyanca öğrenebilmek için İtalyanların olduğu bir evde kalıyorum. Evde beş oda var ve üç erkek iki kız geçinip gidiyoruz diyelim, benim dışımda herkes İtalyan, sadece geldikleri bölgeler farklı dolayısıyla İtalyanca aksanları farklılık gösteriyor.

Evdekilerden Marco ve Stefano son derece yakışıklı ve dalyan gibi adamlar, fakat bir terslik var, evde beni ziyarete her hafta farklı bir kız geliyor ancak bu iki delikanlı hayatlarına yalnız devam ediyorlar!

Bir süre sonra bana kızmaya başladılar ve bir akşam beni salona çağırdılar, o akşam beni adeta sorguya çektiler:

"Turco, sendeki sır nedir? Eve kızlar geliyor gidiyor biz burada balık avlıyoruz, sende olup da bizde olmayan nedir?"

Onları son derece nazik bir ses tonuyla yanıtladım:

"Bunu ben de merak ediyorum; çünkü normal şartlar altında siz İtalya'da ev sahibi olduğunuz için Milano size ait olmalıydı ama sanırım bir yerlerde hata yapıyorsunuz."

Sonra onlara bir teklif götürdüm,

"Bir akşam Old Fashion Club'a gidelim ve sahada görelim, siz neden kız bulamıyorsunuz ben de anlamak istiyorum."

O senelerde Milano gece hayatının kalbi bu mekânda atıyordu, özellikle benim gibi Milano'daki yabancı öğrenciler kolaylıkla sosyalleşmek için akşamları buraya uğrar, birileriyle tanışır ve eğlenirlerdi.

Bizim İtalyan aygırları benim teklifime tamam dediler ve bir akşam iş çıkışı buluşup birlikte mekâna gittik. Bu arada ikisi de fiziksel anlamda ilk görüşte benden çok daha dikkat çekici adamlardı, bu detayı unutmayalım.

Onlara özellikle cumartesi gecesi gitmeyi teklif etmiştim çünkü ortamın tamamen dolu olduğu bir akşamda orada bir kızla tanışmama ihtimalleri yoktu.

Benim bildiğim fizik kurallarına göre bu imkânsızdı. Meğer ben fiziği bilmiyormuşum.

Şöyle bir sahne hayal edin; herkes dans ediyor, sosyalleşiyor ve sohbet ediyor fakat bu iki numune arkadaş yine yan yana içkilerini yudumlayıp etrafa bakıyorlar, korkuluk gibi ayakta dikiliyorlar.

Ben bu arada daha önceden aynı mekânda tanıştığım bir kızı gördüm ve onun yanına gittim, şansıma iki kızla birlikte gelmişti, onları da alıp bizim yalnız tavşanların yanlarına gittik.

Hemen şunu fark ettim, Marco ve Stefano'nun beden dilleri rahat değildi, daha kızlar aynı masaya oturdukları anda gerildiler ve sohbete giremediler, bir çeşit hata yapma korkusu yüzlerinden okunuyordu. Dışarıdan bakan birisi bunu hemen görebilirdi.

En azından sorunun temelini anlamış oldum. O akşam eve dönerken "Sizi anladım" dedim, "Sizdeki sorunun ne olduğunu bu akşam anladım, siz kasıyorsunuz, sohbete girmeyi bile büyük bir olay zannediyorsunuz. Bu kafayla yapamazsınız biraz rahat olmanız gerekiyor."

"Saçmalama" falan dediler ama haklı olduğumu gayet iyi biliyorlardı.

Ben o gece onların neden rahat olamadıklarını anlamıştım fakat onların benim kadınlarla nasıl bu kadar rahat olabildiğimi anlamaları için çok daha garip olayların yaşanması gerekiyordu.

Hayat bazen başımıza çok garip olayların geldiği bir sahnedir...

Old Fashion Club gecesinden yaklaşık iki ay kadar sonra bir akşam evde parti veriyorduk ve sanırım müziğin sesi çok yüksekti, evdeki bağırışlardan ve müzikten rahatsız olan bir komşu bizi şikayet etmiş olacak ki polisler geldi, carabinieri kapıyı çaldığında saat gece yarısını geçmişti.

Kapıyı ben açtım, polisleri gördüğümde pek şaşırmadım ve içeriye seslendim hemen müziğin sesini kısmalarını söyledim ama beni duyan olmadı, polisler içeri girmek istediklerini söylediler ve tamam dedim, arama izinleri yoktu ama hayır deseydim savcıdan izin almaları sanırım birkaç dakika sürecekti. Direnç göstermeye gerek görmedim.

İçeri girdiler ve kalabalık içinde dolaşırken bu partiyi kim düzenliyor diye sordular, bunun üzerine Stefano ve Marco öne çıktılar, ben de onların yanında sıraya dizildim.

Polisler aniden bize "Hadi gidiyoruz beyler!" dediler ve bizi karakola götüreceklerini, ifade vermemiz gerektiğini söylediler. Marco ve Stefano panik yaptılar ve sanırım tansiyonları düştü.

Polis arabasına binerken üst katlardaki bir pencereden polislere seslenen komşuyu gördüm, o adamı apartmana birkaç defa polis üniformasıyla girerken görmüştüm, omzunda yıldızları vardı, dolayısıyla amirleri falan olmalıydı.

Şanssızdık.

Polis memurlarına öfkeli bir şeyler söyledi ve sonrasında polisler bizi arabaya bindirirken kelepçelediler.

Aslında böyle bir şeye gerek yoktu ama amirleri gürültüden dolayı çok kızgındı. Hayatımda daha önce hiç kelepçelenmedim fakat bu bende bir adrenalin yaratmamıştı, birazdan çıkaracaklarını biliyordum, sadece amirlerine göstermek için arabaya bindirmeden bize bir gözdağı vermek maksadıyla yaptıkları bir hareketti.

Fakat bu konuda böyle düşünen sanırım sadece bendim; çünkü arka koltukta Daltonlar gibi otururken önce sağımda oturan Marco sağ bacağıma doğru kustu, sonra solumda oturan Stefano ağlamaya başladı. Kusmuk kokusu bence kelepçeden daha kötüydü.

Garip bir şekilde gülümsedim.

Dikiz aynasından bana bakan sürücü polis "Sen neden gülüyorsun?" diye sorarken öfkeli veya nobran değildi, sadece merak etmişti.

"Çünkü anladım" dedim.

"Neyi?" diye sordu polis.

"Bu delikanlıların neden kadınlarla konuşurken fazla heyecan yaptıklarını anladım" diye yanıt verdiğimde iki polis birden kahkahalarla gülmeye başladılar, abartmıyorum üç dakika kadar gülmüşlerdir. Bence kafa adamlardı, zaten bunu hemen kanıtladılar.

Bir süre güldükten sonra arabayı sağa çektiler ve arka kapıyı açtılar, bizim kelepçeleri çıkardılar ve Marco'ya kusmuğunu temizlemesi için su verdiler, bizim çocuk yüzünü yıkadı falan. Stefano ağlamayı kesti çünkü ona da bir emzik verdiler.

Sonra tekrar arabaya bindik ve karakola giderken onlara İstanbul'da iki kuzenimin cinayet şubede ve bir diğer kuzenimin asayiş şubede polis olduğunu söyledim. Dolayısıyla kuzenleri ziyaret etmek için defalarca karakollara girip çıkmıştım. Bu işleri biliyordum, "Sizin karakolu da görelim bakalım" dedim, güldüler.

Karakoldaki ifademiz en fazla yarım saat sürdü, kahve ikram ettiler içtik sohbet ettik fakat sonra ben sohbeti uzatınca "Hadi artık bizim işimiz var gidin" dediler. Başka polislere "Şunları eve bırakın" dediler.

Karakolda olduğumuz süre boyunca Marco ve Stefano sürekli saate bakıyorlardı, ben içeri ne kadar polis girdiyse hepsine laf attım ve sohbet ettim. İçimde hiçbir heyecan yoktu, son derece sıradan bir prosedürü yerine getiriyorduk.

Dönüş yolunda uzun süredir sessiz olan Marco şunları söyledi:

"Turco bu gece senin sırrını anladım, hiçbir şey umurunda değil ve kasmıyorsun. Başı belaya girdiğinde bile heyecan yapmayan bir adamın kadınlarla bu kadar rahat olmasını anlayabiliyorum."

Onu kısaca yanıtladım:

"Sen buna bela mı diyorsun?"

Ertesi akşam üst komşumuza uğrayıp Türkiye'den daha önce getirmiş olduğum bir kutu fıstıklı lokum götürdüm, ortamı yumuşattım. Bir daha bizi şikayet etmedi fakat sık sık lokum istedi.

Yaşadığınız olaylar ve deneyimler hem ruhunuzu

olgunlaştırır hem de iletişim kurarken yersiz heyecanlara kapılmayı bırakırsınız.

İletişim kurmak büyütülecek bir şey değildir.

"Ben ona selam veremem, utanırım" diyenlere önerim, bunları fazla büyütmeyin ve iletişime geçmekten çekinmeyin.

İletişim kimseyi basit göstermez.

8

FLÖRT ETMEK İÇİN SİNYAL VERİNİZ

Bazı okurlarım "Flörtte ilk adımı her zaman erkek atar" diye düşünebilirler ancak o devir çok gerilerde kaldı.

Yine de asla değişmeyen bazı şeyler var; mesela bundan yüz yıl öncesine gidecek olursak erkekler bir adım atabilmek için ilgilendikleri kadından sinyal bekliyorlardı. O zamanların sinyal verme yöntemleri farklıydı; genelde kadın yolda yürürken sağ elindeki mendili yanlışlıkla düşürmüş gibi yapıyordu oysa bu onu takip etmekte olan adama verdiği bir sinyaldi, "Konuşabiliriz."

Erkek bu sinyali almadan kadına yanaşıp konuşmaya cesaret edemezdi çünkü reddedilme korkusu diye bir şey vardı.

Erkeklerin reddedilme korkusu asla sona ermez çünkü aslında bu korku özünde erkeğin toplumsal yaşamda kendini kabul ettirme duygusuyla ilgilidir.

Bir erkek çok zengin olabilir, etrafında itibarı olan başarılı bir iş adamı olabilir ancak kadınlar konusunda başarılı değilse her zaman kendini biraz eksik hisseder, bu durum erkeğin doğasında vardır dolayısıyla reddedilmemek adına kadından sinyal bekler ve sonrasında ilk adımı atar.

Sadece bizim ülkemizde değil dünyanın her coğrafyasında erkeklerin ilk adımı atma konusunda öncelikle kadından bir sinyal bekledikleri bilinir.

2012 senesinde İngiltere'de yapılan bir araştırma bunu gözler önünc sürüyor:

Yüz yirmi erkek deneğin farklı gece kulüplerinde daha önce tanışmadıkları kadınlarla sosyalleşme yöntemleri ve ilk adımı atma konusundaki tavırları inceleniyor. Sonuç olarak bu yüz yirmi erkek arasında oluşan tablo şu şekilde:

- Sadece beş tanesi kadının bir defa ona doğru bakması neticesinde yanına gidip kadınla konuşma cesaretini kendisinde buluyor,

- Yirmi tanesi kadının kendisine doğru üçüncü bakışından sonra kadının yanına gidebiliyor,

- Otuz iki tanesi kadınla yedi - sekiz defa göz göze gelmeden hiçbir adım atamıyor,

- Geri kalan altmış üç erkek, kadınla en az on beş defa bakışmadan onun yanına gidecek cesareti bulamıyor.

Bu araştırma da şunu gösteriyor ki erkekler ilk adımı atmak için hep bir sinyal beklerler; bu sinyal genelde bir bakışmadır ve üstüne bir de hafif gülümseme olursa erkek kadınla konuşmak için bir adım atabilir.

Birebir seans yaptığım yüzlerce vakada aynı iş yerinde bir erkekle bakışan ancak aylardır bunu bir sohbete çeviremeyen kadınlarla çalıştım. Hoşlandıkları adamla herhangi bir diyaloğa girmeye çalışıp çalışmadıklarını sorduğumda hepsi de "Hayır" yanıtını verdiler.

"Peki en azından sabahları günaydın diyor musunuz?" diye sorduğumda çoğunlukla "Onun bana ilk adımı atmasını bekliyorum" diyenler oldu.

"Peki aynı iş yerinde çalışıp da her gün gördüğünüz bir insana günaydın demek size ne kaybettirecek?" diye sorduğumda genellikle aldığım yanıt şu oldu;

"Çok istekli görünmek istemiyorum."

Bu durum beni şaşırttı çünkü her sabah evden çıkarken gördüğüm sitedeki güvenlik görevlisi arkadaşlara "Günaydın" dediğimde herhangi bir konuda istekli göründüğümü sanmıyorum ya da hiç tanımadığım ancak sitede koşu yaparken beni görüp "Günaydın" diyen kadınların istekli olmaları gibi bir ihtimal hiç aklımdan geçmedi.

Nedir bu isteklilik meselesi?

Bizim kıramadığımız bazı düşünce kalıpları var sanırım, öncelikle bir sohbeti başlatmak için bazı insani söylemler vardır; "Merhaba", "İyi akşamlar", "Günaydın" gibi söylemler sizin herhangi bir konuda istekli olduğunuzu göstermez tam aksine modern yaşama ayak uydurmuş bir insan olduğunuzu gösterir.

Yanılıyor muyum?

"Ben söze giremem", "Ben selam veremem", "Ben karşı cinse bakamam", "Ben yan yana gelemem" diyen bir insanın karşı cinsle flört edebilmesi mümkün değildir.

Kendisinde yerleşik hale gelmiş düşünce kalıpları nedeniyle bırakın flört etmeyi, karşı cinse selam vermesi bile imkânsızdır ve bu kalıpları kırabilmesi için uzun süre mücadele etmesi gerekir.

İlk kuralımızı hatırlayalım: Rahat ol ve kendini fazla kaptırma.

Bu kural hiçbir zaman değişmez. Kendini rahat hissetmiyorsan boş yere flört etmeye çalışma çünkü başaramazsın, senin gerginliğini karşındaki insan hemen hisseder ve doğal olarak o da sebebini bilmediği bir şekilde gerilmeye başlar çünkü gerginlik bulaşıcıdır.

Sen söze girdiğinde veya selam verdiğinde ne kadar rahat bir ruh hali içerisinde olursan o da senin rahat tavırlarından etkilenir ve sana sempati duymaya başlar, birkaç güzel söz ve nükteyle kendini sana yakın hissedecektir.

Yaşanmış bir olayla ofiste flört örneği verelim mi? Bence zamanı geldi.

9

FLÖRT EDERKEN STRATEJİ OLUŞTURMAK

Yıllar önce ilişki koçu olarak çalıştığım bir vakada kadın danışanım ofiste üç aydır bir adamla bakıştığını söyledi. Aralarındaki hülyalı bakışmalara rağmen adam ilk adımı atarak sohbete giremiyordu.

Adamın çok yakışıklı olduğunu, ofiste sürekli ona doğru baktığını ancak kararsız birine benzediğini söyledi. Danışanımın adamla ilgili uzaktan yaptığı analizler bu şekildeydi.

"Siz neden ona bir sinyal vermiyorsunuz?" dediğimde bana alıştığım yanıtları verdi, genelde ilk adımı erkekler atıyordu ve o da adamdan bunu bekliyordu.

"Pekâlâ" dedim. "Bana biraz detay verin, bu adamla nerede karşılaşıyorsunuz?"

"Genelde kahve makinasının yanında"

"Peki günde kaç defa kahve içiyor sizce?"

"En az dört defa makinenin yanında kendisine kahve yaparken görüyorum."

"Bu adam departman müdürü dediniz, peki kahveyi ona yapacak kimse yok mu?"

"Var elbette ama sekreterinden istemiyor, gelip kendisi yapıyor..."

"Güzel" diye yanıtladım, "Kahvesini nasıl içiyor?"

"Sütsüz ve şekersiz."

"Peki bu adamla ilgili başka bilgi?"

"Şirkette herkes kendisinden çok beyefendi birisi diye bahsediyor ancak biraz içine kapanık olduğunu duydum."

"Tamamdır, şimdi benim size söyleyeceklerimi not edin ve bir dahaki sefere onu kahve makinesinin yanında gördüğünüzde aynen uygulayın."

Danışanım sonraki hafta ofiste kahve makinesinin yanında adamla karşılaştığında söylediklerimi birebir uyguladı ve adamla arasında şu konuşmalar geçti:

D: "Günaydınlar nasılsınız?"

Adam bunu duyunca şaşırıyor çünkü daha önce orada defalarca karşılaşmalarına rağmen kadın asla diyaloğa girmiyor ve içine kapanık beyaz atlı prens de hep sessiz ve kederli bir havada kahvesini bardağa doldurup uzaklaşıyordu. Oysa şimdi kadından beklenmeyen bir hamle gelmişti!

A: "Çok teşekkür ederim, gayet iyiyim ya siz?"

D: "Size bir şey sorabilir miyim?"

A: "Elbette."

D: "Dikkatimi çekti de kahvenizi hep sütsüz ve şekersiz içiyorsunuz ve sanırım günde en az dört defa kahve içiyorsunuz, mide ağrısı çekiyor musunuz?"

A: "Evet midem ağrıyor genelde ama buna alıştım sanırım."

D: "Size naçizane bir önerim var, kahvenize biraz süt eklerseniz bu ağrıyı yaşamazsınız, ben de bu hatayı uzun zaman yaptım fakat sonra doktorlar beni uyardılar ve neyse ki ülser olmadan hatamdan döndüm, sizin de aynı hatayı yaptığınızı görünce size söylemek istedim."

A: "Çok naziksiniz, daha önce de sizi gördüm ancak ne yalan söyleyeyim sohbete girecek cesareti bulamamıştım." (Adamın böyle bir şey söylemesi ihtimalini düşündüğüm için danışanımı ideal cevap konusunda hazırlamıştım.)

D: "Neden, ben korkutucu bir kadın mıyım?"

İkisi de gülmeye başlıyorlar, özellikle adamda bir rahatlama olduğu görülüyor.

A: "Kusura bakmayın ofisteyiz işte kendimi tam ifade edemiyorum insan iş yerinde rahat konuşamıyor." (Buna da verilecek bir cevabımız vardı.)

B: "Evet sizi anlıyorum ama bu sorunu çözmek çok kolay, menüsünde lezzetli kahveleri olan bir mekân biliyorum, ben sizi oraya davet ederim ama kahveleri siz ısmarlarsınız, nasıl olur?"

A: "Bence gayet güzel bir teklif, size ulaşabilmek için numaranızı alabilir miyim?"

Bu diyalog sonrası bahsi geçen kafede buluştular ve zamanla aralarındaki flört ilişkiye döndü. Adamın sağlığını korumaya yönelik düşünceli bir öneride bulunan danışanım daha önce üç ay boyunca bu adama günaydın demeye bile çekinmişti.

Oysa adam şirkette bilindiği kadarıyla içine kapanık ve asosyal biriydi, zaten eğer sosyal bir insan olsaydı üç aylık süreçte en az otuz defa dışarıda görüşmeyi teklif ederdi.

Bilgiye sahip olmak iyidir fakat sahip olduğunuz bilgileri birer araç gibi kullanarak strateji oluşturmak daha önemlidir.

Bu vakada stratejiyi oluştururken üç bilgiyi kullandım:

- Adamın danışanıma sürekli bakıyor olması onunla ilgilendiğini gösterir.
- Adamın sürekli kahve içiyor olması bana kalırsa sohbete girmek için fırsat kolladığını gösteriyordu fakat adım atacak cesareti kendinde bulamıyordu.
- Adamın tutuk olması kadının adım atmasını gerektiriyordu çünkü muhtemelen bu sinyali gördükten sonra adam daha rahat davranmaya başlayacaktı.

Bu arada, eğer flört ettiğiniz erkek tutuk ve cesaretsiz davranıyorsa onun kesinlikle bir sırtlan olmadığını anlayabilirsiniz. Çünkü Zambiya sırtlanları olarak adlandırdığım avcı yırtıcı sırtlanlar, hiç çekinmeden ve sizden hiçbir sinyal almadan size yönelik hamleler yaparlar.

Onların herhangi bir reddedilme korkusu olmaz çünkü duygu beslemezler.

Dolayısıyla erkek dünyasında bilinen bir gerçeği açıklayalım:

Eğer sizinle flört eden erkekte sizi kaybetme korkusu olduğunu hissederseniz size yoğun duyguları var demektir.

Oysa,

Eğer bir erkek sizinle flört ederken hiç tereddüt etmiyor ve arsızca hamleler yapıyorsa sadece sizi arzuluyor demektir. Sizin ona evet veya hayır demeniz umurunda bile değildir çünkü duygularıyla değil arzularıyla hareket ediyor.

Yaklaşık on senedir tanıdığım ve doğada yırtıcı bir sırtlan olarak yaşamını sürdüren bir arkadaşım geçen sene evlendi. Eşiyle evlilik öncesinde flört ederken son derece tutuk ve utangaç davranıyordu. Kendisinin yırtıcı ve tehlikeli olduğunu bildiğim için ona neden tutuk olduğunu sordum, bana şöyle cevap verdi:

"Âşık oldum abi, bu kızı kaybetme korkusu yaşıyorum, rahat davranamıyorum."

10

BODRUM'DA FLÖRT BÖYLE BAŞLAR

Bahar aylarından itibaren insanlarda flört etme isteği artış gösterir. Yazlık mekânlarda ve kumsallarda yoğun emek sarf eden avcılara rastladığınızda şaşırmayın.

Bu bölümde anlatacağım flört sahnesi yaklaşık beş sene önce Bodrum Yalıkavak sahilinde yaşandı ve adeta bir satranç müsabakasını izler gibi erkekle kadının karşılıklı flört hamlelerini izledim.

Birbirine yakın şezlonglarda yalnız başına güneşlenen bir erkek ile bir kadının arasında başlayan konuşmaları bulunduğum yerden rahatlıkla duyabiliyordum. Flört diyaloglarına geçmeden önce adama kısaca A kadına da K diyelim:

A: "Beni yanlış anlamayın ama o krem sizi yeterince korumaz."

K: "Pardon anlamadım?"

A: "Yok duydunuz ne söylediğimi ve ne amaçla söylediğimi de duydunuz." (Gülümsüyor.)

K: "Öyle mi ne amaçla söylediniz?"

A: "Sizinle sohbete girmek istiyorum, amacım sizi güneşten korumak değil." (İkisi de güler.)

K: "Çok da açık sözlüyüz bakıyorum."

A: "Hayat kısa, gerçekleri söylemek lazım, lafı uzatmaya gerek yok."

K: "Evet evet anladım ben sizi."

A: "Ama ciddiyim o güneş kremiyle dikkat ediyorum da en az 2 saattir öğle güneşinde yanıyorsunuz, sonra akşam kıpkırmızı gezersiniz, canınız yanar gece uyutmaz."

K: "İlginize teşekkür ederim, ben dikkat ediyorum kendime siz sanırım sıkıntıdan bana sardınız."

A: "Kendinizi hafife almayın, sıkıntıdan laf atılacak bir kadın değilsiniz."

K: "Hımmm bak bu hoşuma gitti, zeki birisiniz, bu devirde zeki adama rastlamak çok zor gerçekten."

A: "Şu halime zeki diyorsanız beni iki gün daha

tanısanız çok seversiniz."

K: "Yok daha neler!" (Kahkaha atıyor.)

A: "Öyle demeyin bazı tanışmalar eşsizdir, en azından benim için öyle olabilir görüyorsunuz sizi korumak için elimden geleni yapıyorum."

İkisi de gülüyorlar, kadın adamın hazır laf olması karşısında biraz bocalıyor gibi.

K: "Bu replikleriniz başka kadınlarla işe yarıyor sanırım."

A: "Kendinizi başka kadınlarla kıyaslamayın bence."

K: "Bence siz de beni onlarla karıştırmayın."

A: "Tanışmamızın bize bir zararı olmaz sanırım, sonrasına siz karar verirsiniz."

Burada adam enteresan bir satranç hamlesi yaparak oyundaki son kararın ve tüm kontrolün kadında olduğunu vurguluyor, "Önce beni tanı fakat hoşuna gitmeyen bir şey olursa sana ısrar etmeyeceğim" mesajını veriyor.

K: "Size bir şans vermek konusunda kararsızım."

A: "Bir sebep söyleyin?"

K: "Neden olmasın diye mi?"

A: "Aynen yani neden olmasın?"

K: "Neyse ki sempatik bir havanız var..."

A: "Sizi tanımak beni çok mutlu eder."

K: "İşte beni mutlu eder mi onu bilemiyorum, bu kadar hızlı bir adam beni korkutur açıkçası, hiç tanışmasam daha iyi sanki."

A: "Önyargının pişmanlıklara sebep olduğunu okumuştum bir yerlerde, bir akşam yemeği tüm önyargılarınızı ortadan kaldıracaktır."

K: "Akşam yemeğini bilemem fakat sempatik olduğunuz sürece sohbet edebiliriz."

Konuşmaları sanırım bir - iki saat kadar devam etti sonra birlikte bir şeyler içtiler ve birbirlerini tanımaya çalıştılar. Hikayenin devamında mum ışığında akşam yemeği gerçekleşti mi bilmiyorum.

"Bodrum'a tatile gittim kimseyle tanışmadan döndüm" diyenlere tavsiyem sosyalleşme imkânlarına daha geniş bir açıdan bakmalarıdır. Eğer karşı cinsle sohbete girmek istiyorsanız bunun özel bir mekânı yoktur, fırsatlar karşınıza kumsalda veya kitap satan bir mağazada çıkabilir, bir adım atmaya korktuğunuz sürece kendinizi engellemiş olursunuz. Ayrıca sohbet ettiğiniz insanı belki de hayatınız boyunca bir daha görmeyeceksiniz ancak bunun bir önemi yok, asıl önemli olan zamanla bu alışkanlığı edinmeniz ve konuşurken rahat olmaya başlamanızdır.

Flört oyununda iyi bir oyuncu olabilmek için aynı zamanda duygularınızı yönetmeniz gerekir. Karşı cinsle ilk görüşmede hemen âşık oluyorsanız burada bir problem var demektir.

Bana "İlk görüşte aşka inanmıyor musun" diyenlere cevabım:

"Erkekler ilk görüşte âşık olamazlar, bazen çok beğeniriz ve etkileniriz ancak âşık olamayız çünkü erkek bir kadınla vakit geçirdikçe onun bakışlarına, tavırlarına ve sözlerine âşık olur."

Erkeklerin büyük çoğunluğu zamanla âşık olur ancak yine de bazı istisnalar vardır.

Yakın bir arkadaşımın hiç tanımadığı bir kadına deliler gibi âşık olduğunu görmüştüm.

11

ÂŞIK OLMAK İÇİN ACELE EDİYOR!

Sanıyorum 2008 senesiydi...

Mekan: Çiçek Pasajı, Beyoğlu İstanbul.

Uzun zamandır görmediğim liseden arkadaşlarım ile bir restoranda buluştuk ve o akşam muhabbet çok keyifliydi.

Uzun bir dikdörtgen masa düşünün, etrafında on iki kişi oturuyoruz kızlı erkekli arkadaş grubu.

Yine lise tayfasından bir arkadaşımız beni cepten aradı ve nerede olduğumuzu sordu, o gürültüde sesimi duyurmakta zorlansam da bir şekilde anlamasını sağladım.

Bir de baktık yarım saat sonra yanında bir kızla geldi, gruba katıldılar ve sohbete dahil oldular. Bizim arkadaşın bu kızla ne kadar zamandır tanıştığını bilmiyordum ancak daha ilk bakışta kıza âşık olduğunu anlamak mümkündü çünkü size bir sır vereyim; biz erkekler arasında âşık adamı tanımak en fazla bir dakikamızı alır, bakışları olsun beden dili olsun hemen kendini belli eder, aynı şekilde bu arkadaşımız da kıza bakışlarıyla ne kadar âşık olduğunu gösteriyordu.

Bir süre sonra gelip yanıma oturdu, oradan buradan konuşurken laf arasında sordum:

"Oğlum sen bu kızı ne zamandır tanıyorsun?"

"Neden sordun abi?"

"Kıza âşık olmuşsun, uzun süredir birliktesiniz herhalde?"

"Yok abi bir ay önce tanıştık, arada görüşüyoruz, bugün onu da aldım geldim kötü mü ettim?"

"Kötü bir durum yok fakat bu kız senin ona âşık olduğunun tamamen farkında ve mekâna geldiğinizden beri bir defa dönüp sana bakmadı, farkında mısın?"

"Yani?"

"Yani o seni birlikte gezdiği eğlendiği bir arkadaşı olarak görüyor bence, sen de kendini fazla kaptırmasan iyi olur çünkü sonra üzülmeni istemem."

"Yok abi bu kız bana âşık"

"Emin misin sen bundan?"

"Abi âşık olmayan kadının benimle ne işi olacak buralarda?"

"Belki de sadece flört etmeyi seviyor olabilir mi acaba? Yani âşık olduğunu düşünerek kendini mutlu edebilirsin ancak bana öyle bir his vermedi. Neyse şimdi anlarız."

"Ne yapacaksın?" diye sorduğunda ona şöyle bir yanıt verdim:

"Senin hayatını kurtaracağım hıyarağası!"

Biz konuşurken bir süre sonra kız masadan kalktı ve yanımıza gelip sigara içmek için dışarı çıkacağını arkadaşıma söyledi, ben de bu fırsatı kaçırmamak adına kendisine dışarıda sigara içerken eşlik etmeyi teklif ettim, "tamam" dedi.

Dışarı çıktığımızda sohbeti başlatan ben oldum;

"Sizi tebrik ederim, hiç tanımadığınız bir ortamda masadaki herkesle rahatça sohbete girdiniz, kendini hiç kasmadan rahat davranan kadınları takdir ediyorum."

"Teşekkür ederim" diyerek yanıtladı, "İkizler burcuyum insanlarla iletişim kurma konusunda hiç sıkıntı yaşamam, arkadaşınız buraya gelmeyi teklif edince çok hoşuma gitti uzun zamandır Taksim tarafına gelmemiştim, hemen takıldım peşine..."

"Bana bir aydır tanıştığınızı söyledi, nasıl gidiyor bakalım?"

"Ne nasıl gidiyor?"

"İlişkiniz?"

"Yani pek ilişki denemez, arkadaşlık diyelim kendisi çok sempatik hoş bir adam ancak henüz ona karşı yoğun bir duygum olduğunu söyleyemem açıkçası bu tip şeyleri hissetmek biraz zaman alıyor."

"Bana kalırsa insan en başta bir şey hissetmediyse sonradan biraz zor oluyor, ne dersiniz?"

"Kesinlikle katılıyorum, yanlış anlamayın onunla görüşmeyi seviyorum eğleniyoruz neşeli bir insan ancak size yalan söyleyecek değilim çünkü aramızdaki duyguyu ilişki olarak adlandıramam."

"Bana karşı dürüst olmanız güzel fakat bunları ona da söyleseniz iyi olur çünkü bizimki size iyice abayı yakmış."

"Evet ya farkındayım, aslında ilk görüşmelerde çok rahattı eğleniyorduk, benim için de biraz gizemli bir hali vardı onu çözmeye çalışıyordum ama sanırım üç - dört defa görüştükten sonra içime düşmeye başladı hemen âşık oldu."

Onu dikkatle dinlediğimi görünce şu tarihi cümleyi söyledi: "Bazı erkekler de flört etmeyi hiç bilmiyorlar, bebek gibi hemen âşık oluyorlar."

"Bu çocuğun pek ilişki tecrübesi yok zaten lisede de inek gibi çalışırdı" dedim,

"Evet kadınlardan çok anlamadığı belli, bazı erkekleri kendime âşık etmek için yıllarca uğraştım adamlar yüzüme bakmadılar, bazıları da iki güzel sohbete hemen âşık oluyor!" derken gülümsedi.

Haklıydı; bazı adamlar o kadar yoğun ilişki tecrübesine sahiptirler ki tanıştıkları yeni bir kadına duygu besleme konusunda büyük sorun yaşarlar ancak diğerleri, yani hayatında pek kadın görmemiş olanlar daha ilk bakışta ya da ilk gülüşte hemen âşık olma ve kadının içine düşme eğilimi gösterirler.

Tamamen yaşamsal deneyimlerle ilgili bir konu...

Sonra bana şunları söyledi:

"Ben flört etmeyi seviyorum, bu demek değildir ki önüme gelen her adamla flört ediyorum ama birisinden hoşlandığım zaman onu keşfetmeyi ve karşılıklı kur yapmayı seviyorum. Bir adam beni beğendiği zaman içime düşmesine gerek yok, bu beğenisini bazı zekice sözlerle ve esprilerle ifade edebilirse benim gözümde çekici hale geliyor. Aksi halde birisiyle iki defa görüştün ve sana aşkını ilan etti, böyle flört olmaz ki!"

Onu çok iyi anlıyordum,

"Flört oynamayı seviyorsun" dedim.

"Evet ama oyun bu kadar kısa sürmemeli" dedi, "Bence flört aşaması iki insan arasında en az dört - beş ay sürmeli ve sonra isterlerse düzenli bir ilişkiye geçebilirler fakat flört aşamasında aralarında biraz gizem olmalı, duygular nadiren ifade edilmeli, karşılıklı espriler yapılmalı, hafif özlem olmalı ama aralarındaki duygunun da tam olarak ismi konmamalı."

"Acele edilmemeli" dedim,

"Kesinlikle öyle" diyerek onayladı.

Ben onu anlıyordum da âşık bir adam anlar mı? Anlamaz.

İşin içine aşk girdiği zaman neden her şey karmaşık hale geliyor?

Aşka söz geçirmek mümkün değildir, dizginlenemez bir heyecan insanın ruhunu ve bedenini ele geçirir. En kötüsü de şudur; âşık olduğunuz insandan aynı heyecanı duymasını beklersiniz ve bu olmadığı zaman aşk iyice derinleşerek büyük bir acıya dönüşür.

İçeri döndüğümde bizim âşık oğlanın masadaki mezelerden acı biberi yediğini görmek bana çok manidar geldi. Beni görünce hemen sordu; "Nasıl kızı beğendin mi?"

"Abi kız iyi güzel de sana âşık falan değil, sen sadece bir leblebisin onun için."

"Saçmalama lan" dedi tepkiyle. Bizim beyaz leblebi durumu kabul etmek istemedi.

Yeri gelmişken, aşka düşenler neden gerçekleri duymak ve kabullenmek istemezler?

12

FLÖRT HEYECAN VERİCİ OLMALIDIR

Flört etme sanatını bilen insanların iki temel özellikleri vardır:

- Özgüven
- Pervasızlık.

Kimi zaman flörtü başlatan bir kadın oluyor ve her iki özelliğe de sahip olduğu için erkeğin başını döndürüyor. Benim başıma gelen böyle bir hikayeyi bu kitabın 14. Bölümünde sizlere anlatacağım.

Erkekler açısında bu iki tabirin ne anlama geldiğini şu şekilde açıklayabilirim;

Kadınlar konusunda özgüvenli erkeği tanımlayan en iyi betimleme bana kalırsa ünlü Rus şair ve yazar Lermontov'a aittir. Şöyle der:

"Kadınlarla başarılı olmak gecenin karanlığında ormanda yürürken gelen tüm seslere rağmen yoluna devam etmeye benzer. Ormandaki canlılardan korkup panik yaparsanız sabaha çıkamazsınız."

Bir kadına yaklaşıp onunla tanışmak için hamle yaptığınız anda eğer gergin ve endişeli olduğunuzu fark ederse size asla şans tanımaz, yani rahat olmanız gerekir.

Kadınlar erkeğin özgüvenli olmasına önem veriyorlar; en azından maskülen enerjiyi seven kadınlar diyelim çünkü *günümüzde bazı kadınlar erkekte maskülen enerjiyi görmekten hoşlanmıyorlar*.

Dolayısıyla erkek olsun kadın olsun, flört etmek isteyen bir insan için ilk kural özgüvenli ve rahat olmasıdır.

İkinci kural ise bana kalırsa daha enteresan çünkü eğer özgüven cesaret istiyorsa kimi zaman bu cesareti aptal insanlarda bile görebilirsiniz, oysa pervasızlık dediğimiz özelliği bir aptalda asla göremezsiniz çünkü tamamen zeka göstergesidir.

Ben bu tabiri Youtube kanalımdaki videolarda

çok sık kullanırım, nedir bu pervasızlık?

Şeytan Tüyü romanımda şöyle tanımlamıştım:

"Başkalarının söyleyemediği şeyleri rahatlıkla söyleyebilen adamlar, başkalarının hayal bile edemediği kadınlarla birlikte olurlar."

Çünkü kadınlar pervasız erkekleri biraz serseri ruhlu ve dolayısıyla heyecan verici bulurlar.

Düşünsenize, bir ortamda tanıştığınız adam size bir saat boyunca sıkıcı ve sıradan konular açıyor, klasik sorular soruyor, dikkatinizin ortamdaki bir diğer insana kayması en fazla yarım saat sürecektir.

Yani sıkıcı bir insanla flört etmeyi kim ister ki?

Sizin aklınızı çelen bir cümle söyleyemiyorsa ya da sizi şaşırtacak bir espri yapamıyorsa bu adamın çok sıkıcı ve sıradan bir tip olduğunu düşünmekte haklısınız.

Flört etmek için size heyecan veren ve başınızı döndüren bir insanı tercih edersiniz çünkü herkes hayatına biraz olsun farklılık ve heyecan katmak ister.

İlişki aşamasında da böyledir, kimi çiftler flört aşamasındaki heyecanı ilişkinin devamında sürdürebildikleri için mutlu olurlar, kimileri ise flörtleşmeyi kestikleri için zamanla sıkılırlar.

Pervasız bir adama örnek verelim:

Bir mekânda kadınla tanışır ve ona en fazla üç

veya dört klasik soru sorduktan sonra flört etmeye başlar;

"Bana hemen âşık olmanızı istemiyorum, bu konuda hiç acelem yok."

Kadın şaşkınlıkla yanıt verir: "Bunu da nereden çıkardınız?"

"Size sadece olacakları söylüyorum çünkü benden hoşlanmaya başladınız bile bakışlarınızdan bunu görebiliyorum."

"Bence size öyle gelmiş" diyen kadın gülümser.

A: "Şu hayatta her şeyi öğrenmişsiniz ancak duygularınızı saklamayı hâlâ öğrenememişsiniz."

K: "Size karşı bir duygum yok, lütfen kendinizi kandırmayın." (Olumsuz konuşmasına rağmen gülümser.)

A: "İsterseniz size duygularınızı saklama konusunda yardımcı olabilirim."

K: "Bu özgüvenin kaynağı nedir?"

A: "Hislerim diyelim, nadiren harekete geçerim aslında ürkek biriyimdir."

K: "İşte şimdi yalan söylediniz."

A: "Genelde ilk adımı atmaya korkarım ama bu fırsatı kaçıramazdım, beni bakışlarınızla bu oyuna davet eden sizdiniz."

K: "Sizi merak etmiş olabilirim fakat tanımak istediğimden emin değilim."

A: "Hayat kararlı insanları sever."

K: "Bu durumda sizi en baştan uyarmalıyım; çok sabırlı olmalısınız."

A: "Sabır benim en iyi özelliğimdir."

Adamın kararlı olması muhtemelen kadının hoşuna gidiyor; çünkü kararsız bir erkek flört edemez.

Pervasız adam kadını etkilemek ve onda bir duygu yaratmak isterken özellikle iddialı cümleleri tercih eder çünkü ne kadar istekli ve özgüvenli olduğunu ortaya koymak zorundadır.

Bu sahnede kadın olumsuz cevaplar verirken bile adama gülümsüyor dolayısıyla adam yeni hamleler yapmaya devam ediyor, bu nokta çok önemli çünkü ifadelerdeki vurgu belirleyicidir.

Örneğin aynı sahnede kadın şöyle yanıtlar verebilirdi:

"Anlamıyor musun? Seninle ilgilenmiyorum lütfen beni rahatsız etme!"

Bu durumda erkeğin pervasızlığı hiçbir işe yaramazdı hatta kabalık olarak görülürdü, dolayısıyla flört ederken dolaylı yoldan flörte yön veren aslında her zaman kadındır.

Bir erkek ne kadar yetenekli olduğunu düşünse de kadın ona yüz vermediği sürece erkeğin eli kolu bağlıdır çünkü flört oyununu kadın yönetir.

İşte bu noktada flört etme sanatına bir de kadınların açısından bakalım; flörtü seven kadınları ikiye ayırabiliriz:

- Erkeğin ilgisini seven ve erkekten hamle bekleyen kadınlar, bu kadını etkilemek için erkeğin zekasını, tarzını ve mizah yeteneklerini ortaya dökmesi gerekir.
- Hoşuna giden bir erkeği deyim yerindeyse avlamak için kendisi hamle yapan, erkekten hiçbir hamle beklemeyen ve bilakis erkek hamle yaptığı zaman bundan hoşlanmayan kadınlar. Bu sınıftakiler flört sürecinde dominant olmayı ve hiç gizlemeden oyunu yönlendirmeyi severler. Erkeğin onlara uyum göstermesi gerekir. Bunlara "avcı ruhlu kadınlar" diyelim.

Avcı ruhlu kadınların genel olarak yönlendirebilecekleri erkekler ile flört ettiklerini görürüz. Bu tip adamlar ailelerinde dominant bir anne tarafından yetiştirildikleri için edilgen role alışkın olurlar ve flörtü kadının yönlendirmesini garipsemezler.

Öte yandan kimi zaman böyle ilişkilerde erkek aşırı derecede edilgen davranmaya başlar ve tüm kararları kadına bırakır, o zaman partneri şöyle düşünür:

"Ben ilişkimde bir erkekle birlikte olduğumu hissetmiyorum."

urumu yaşayan kadınların bir başka ifadesi de şudur:

"Bu ilişkide ben erkek rolünde olduğumu hissediyorum ve bundan memnun değilim."

Asıl paradoks, flört aşamasında erkeğin edilgen hallerinden gayet memnun iken ilişki aşamasına geçtiklerinde aynı erkekten şikayetçi olmaya başlamalarıdır. Oysa tanışma aşamasından itibaren edilgen ve pasif özellikler gösteren erkek kendini hiç saklamamış ve oyunun yönetimini tamamen kadına bırakmıştır ancak bir süre sonra kadın bu durumdan sıkılır ve dişiliğini yaşamak ister. Kadın enerjisini yaşamasının tek yolu ise karşısında maskülen enerjiye sahip bir erkek olmasıdır.

Öte yandan bazı kadınlar dişi enerjiye hiç sahip olmadıkları için tamamen pasif özellikler gösteren edilgen bir erkekle evlenip çoluk çocuğa karışır ve memnuniyetle bu evliliği sürdürebilirler. Bu tip evliliklerde erkek ise içindeki kadınsı enerjiyi tatmin etmektedir ve aynı zamanda evlenmiş olduğu için toplumdaki rolünü yerine getirmiş olacaktır. Yani her ikisi de aralarındaki bu gizli anlaşmadan memnundur.

Bu noktaya özellikle değinmek istedim çünkü günümüzdeki ilişkilerde bu durumla sıklıkla karşılaşıyoruz. Bazı kadınlar evliliklerinde erkek rolüne bürünmüş olmanın sıkıntısını yaşıyorlar ve işin ilginç yanı erkeğin en baştan beri son derece edilgen ve sessiz yapısının aniden değişmesini ve bir aslana bürünmesini bekliyorlar.

Bu mümkün değildir, pazardan aldığınız elma evde lezzetli bir kavuna dönüşemez. Elma sadece elmadır.

İlişkisinde yönlendirmeyi ve erkeği yönetmeyi seven bir kadın, aynı adamın yeri geldiğinde haşin ve sert ya da karakterli bir duruş sergilemesini beklememelidir çünkü eğer o adam bunları yapabilseydi edilgen olmazdı. Öyle değil mi?

Dolayısıyla flört oyununda bazı kadınların yaşadıkları paradoks budur:

- Hayatımda istediğim erkek benim sözümden çıkmasın,
- Her dediğimi harfiyen yerine getirsin,
- Benim tüm isteklerimi bir emir gibi algılasın,
- İlişkimizdeki/evliliğimizdeki tüm kararları benim almama izin versin,
- Onu da çocuklarımızdan biri gibi yönettiğim için bana şükran duysun.

Sonra, bu özelliklere sahip olan adamın, yeri geldiğinde ilişkiye sahip çıkmasını ve yine bu kadınların tabiriyle "Güçlü olduğunu hissettirmesini" isterler.

Bu durumla örtüşen yakın çevremden bir örnek verdiğimde sanırım manzara daha net bir şekilde ortaya çıkacaktır; yıllardır tanıdığım çok yakın bir kadın arkadaşım avukatlık mesleğini icra ediyor ve dışarıdan bakıldığında kendisiyle ilgili dikkat çeken özelliği maskülen enerjiye sahip olmasıdır; yani erkeksi beden dili ve konuşma tarzını hemen hissedersiniz.

Bir gün sohbet ederken konu James Bond filmlerinden açıldı ve hemen tepkisini ortaya koydu: "Ben o karakterden nefret ediyorum, hiç izlemem."

Sinemada herkes James Bond filmlerini sevecek diye bir kural yok fakat sesinin tınısında hissettiğim nefret duygusu beni şaşırtmıştı, bunu anlamak istedim.

"Neden?" diye sormadan edemedim.

"Ne o öyle erkeksi hareketler, maskülen enerji falan, erkeklerde bu tarz kibirli hareketler benim hoşuma gitmiyor."

Merak ederek sordum: "Erkekte ne enerjisi olacak, sincap enerjisi falan mı? Bir erkekte maskülen enerji olmasından daha doğal bir şey var mı?"

"Canım ben onlarla flört edemiyorum; erkekte kadın enerjisi görmek daha çok hoşuma gidiyor."

Aslında benim hatam; bünyesinde yoğun maskülen enerji bulunan bir kadının dünyanın en ünlü alfa erkeğinden hoşlanması beklenemezdi.

13

DÜNYACA ÜNLÜ FLÖRT SAHNESİ

James Bond demişken onun 2006 tarihli filmi Casino Royale üst düzey flört sahneleri içeriyor, öyle diyaloglar var ki hem Bond'un nasıl bir avcı olduğunu görüyoruz hem de filmdeki kadın karakter *Solange* ona ayak uydurmayı başarıyor.

James Bond filmlerinde 12. Bölümde kısaca bahsettiğim edilgen erkek seven kadınlar göremezsiniz, yani erkekte kadın enerjisi seviyorum diyen kadınlara bu filmlerde yer vermiyorlar çünkü Bond'u seven kadınların ortak özelliği dişi enerjiye sahip olmalarıdır.

Flört etme sanatında uzmanlaşmak istiyorsanız öncelikle yapmanız gereken zihninizde sahneler yaratmaktır, bu sahnelerde size söylenebilecek muhtemel replikleri düşünün ve sonra bunlara verebileceğiniz cevapları hazırlayın.

Bu egzersizi daha keyifli bir hale getirmek istiyorsanız farklı mekânlar düşünün ve tüm detayları algınızda sahneleyin. Örneğin gece-gündüz veya yaz-kış gibi tüm koşulları hayal edin ve o anda üstünüzdeki kıyafetlere kadar her detayı belirleyin, bunu yaptığınız zaman çok daha gerçekçi bir zihin egzersizi olacaktır.

Size bu konuda bir sahne örneği veriyorum, kendinizi bu sahnede hayal ederken vereceğiniz cevapları düşünebilirsiniz, öncelikle senaryo detaylarını anlamalıyız:

James Bond Bahamalar'da bir görev için bulunmaktadır ve peşinde olduğu suçlu karakter Alex'in kumar bağımlılığı olduğunu öğrenir. Bunun üzerine kumar oynanan Casino Royale'de akşam yerini alır ve Alex ile aynı poker masasına oturur. Oyun devam ederken Alex'in eşi Solange masaya yaklaşır ve kocasına sarıldığında masada oturan Bond ile göz göze gelir.

Tahmin edeceğiniz gibi Solange göz alıcı bir kadındır ve avcı ruhlu James Bond daha ilk görüşte avını gözüne kestirir, bunu bakışlarından görürüz. Solange, Bond ile göz göze geldiği anda şaşırır çünkü karşısında çok kararlı bir maskülen erkek olduğunu hemen anlar.

Bu detayların hepsi çok önemli çünkü Solange kumarhaneye girerken yürüyüşü ve beden diliyle yoğun kadın enerjisine sahip olduğunu yani dişiliğini göstermiştir, bu sahnede giydiği elbisenin kırmızı olması kesinlikle bir tesadüf değil çünkü kırmızı rengin yoğun dişi enerjiyi temsil ettiğini biliyoruz.

Masadaki poker oyununu Bond kazanır ve aynı zamanda Alex'in Aston Martin arabasının anahtarını da alır, yani adamın her şeyini alır. Bond'un bir hedefi daha vardır, Alex'in karısı...

Bond'un biraz açgözlü olduğunu kabul ediyorum.

Kocasının o akşam kumarda her şeyini kaybetmiş olduğundan henüz haberi olmayan Solange otoparkta arabayı getiren valeye yaklaşır ve anahtarı almak ister ancak bu arada Bond sahneye girer ve valeye otopark fişini uzatır.

Solange şaşırır ve Bond'a bakarken şunları söyler:

S: "Alex'in bu akşam neden öfkeli olduğunu şimdi anladım" derken arkasını dönüp uzaklaşır ancak Bond beklenmedik bir hamle yapar;

B: "Seni bırakabilirim!"

Solange, kumarda eşine karşı kazanan ve arabasını bile elinden alan Bond'un bu kadar pervasız ve küstah olmasına şaşırır ama yine de gülümser çünkü bu teklifi muhtemelen hem küstah hem de çok cesur bir hamle olarak görmüştür, şöyle yanıt verir:

S: "Bu onu iyice sinirlendirip çılgına çevirecektir, korkarım o kadar kötü bir kadın değilim."

Bunu duyan Bond yine hiç beklenmedik bir yanıt verir;

B: "Belki de sadece biraz egzersize ihtiyacın vardır..."

Kadın bu cevaba çok şaşırır. Neden mi?

Flört oyununda özellikle pervasızlığın altını çizdim çünkü beklenmeyen cümleleri söyleyebilen insanlar, özellikle de ahlaksızlık ve saygısızlık çizgisini aşmadıkları sürece, başarılı olabilirler.

Kumarhanede Alex'in arabasına kadar alan bir adam, normalde o adamın karısını da eve bırakmayı teklif etmez, bunu sadece James Bond yapabilir çünkü ileri derecede pervasız ve flörtöz bir karakter olduğu için filmleri dünya genelinde hasılat rekorları kırmaktadır.

Bütün bunları yaparken bakışlarından ne kadar kararlı olduğunu ve hiç tereddüt etmediğini görebilirsiniz, kadının ona vereceği yanıtlarla pek ilgilenmez sadece flört oynamaktan keyif aldığı her halinden bellidir.

Flört sonuç odaklı değil süreç odaklıdır, kimse her zaman evet cevabını alamaz fakat oyundan keyif aldığınız sürece sonucun bir önemi kalmıyor, öyle değil mi?

Bond bu sahnede Solange ile şansını deniyor ve o anda kazanmayı ya da kaybetmeyi değil sadece kadını etkilemeyi hedefliyor.

Bir kez daha belirtmekte fayda var; *flörtte kadının tavrı belirleyicidir.*

Örneğin bu sahnede Solange, James Bond'un onu eve bırakma teklifine hiç cevap vermeseydi Bond ne yapabilirdi?

Hiçbir şey.

Dolayısıyla karşısında James Bond olduğunda bile kadının vereceği tepkiler ve yanıtlar oyunu yönlendirir.

Öte yandan bu flört sahnesinde yönetmen önemli bir detayı özellikle vurgulamış; Bond'un pervasız teklifine kadın gülümseyerek ve hayranlıkla yanıt verdiğinde, olumsuz bir yanıt almış olmasına rağmen Bond bu oyunu kazanabileceğini anlıyor.

Kadının bakışlarında adeta "Emin misin?" der gibi bir ifade var, yani sen bu ahlaksız teklifini laf olsun diye mi söylüyorsun yoksa gerçekten kendine güvenen bir alfa mısın?

Bond kadının mesajını hemen alıyor ve "Kötü bir kadın olma konusunda belki de biraz egzersize ihtiyacın vardır" diyerek teklifinde gayet ciddi olduğunu gösteriyor.

Kumar tabiriyle; *bahsi arttırıyor.*

Bu durumda kadının önünde iki seçenek var; evet veya hayır. Bu seçenekleri zihninde tarttığını anlıyoruz çünkü bu sahnede yönetmen iki karakterin arasında *tam dokuz saniyelik bir bakışmaya yer vermiş.* Evet yanlış okumadınız tam dokuz saniye!

Sinema tarihinin en yüksek bütçeli film serisinde dokuz saniyelik bir zaman dilimini neredeyse on dakika süren bir sahne gibi düşünebilirsiniz, muazzam derecede uzun bir süre.

Örneğin bazı Bond filmlerinde dokuz saniye içerisinde Bond bir silahlı çatışmayı başlatıp bitirebilir ya da final sahnesinde bu sürede dünyayı kurtarabilir. Sinemada dokuz saniye kadınla erkek arasındaki bakışma için oldukça uzundur.

Dolayısıyla sinema ekranında flört sahnesini seyircinin gözünde inandırıcı hale getirmenin ne kadar zor ve hassas bir iş olduğunu bildikleri için, kadın karakterin tam dokuz saniye boyunca erkeğin teklifini düşünmesine izin veriyorlar. Son derece önemli bir detay...

Filmi izlediğinizde bu sahnedeki tüm detayları göreceksiniz.

Bir detay daha var; Solange Bond'un teklifini düşünürken bakışlarını tek bir an olsun ondan ayırmıyor, hâlâ emin olmaya çalışıyor bu adam gerçekten kendine güvenli birisi mi?

Bond ise daha da kararlı ve ilgili bir şekilde bakışlarını kadının gözlerine dikiyor ve bir an olsun etrafa bakmıyor.

Burası önemli çünkü sizinle flört ederken bakışlarını etrafta gezdiren veya telefonuna bakan bir insan sizin için çekici olur mu?

Dikkatinin ve ilgisinin tamamen sizde olduğunu görmek istersiniz, öyle değil mi?

Solange Bond'a dikkatle bakıyor ve Bond bir an olsun bakışlarını çevirmiyor. Beden dili gayet kendinden emin ve dik duruyor. *Bir erkeğin beden dilini omuzlarından anlayabilirsiniz*; eğer omuzları dik ve göğüs kafesi karşısındaki insana dönük ise kararlı bir duruşu olduğunu anlamak mümkündür.

Solange egzersiz teklifine şöyle yanıt veriyor: "Belki..."

Olur cevabını aldığı anda Bond kadını evine bırakma teklifini güncelliyor yani yine *bahsi arttırıyor* ve şöyle diyor;

"Benim mekânımda bir içkiye ne dersin?"

Sürekli hamle yapıyor ama bunları yapmak için kadının tepkilerini ölçüyor. Kadının onunla flört etmekten hoşlandığını gördükten sonra o kadını evine bırakmak Bond için çok naif bir davranış olacaktır oysa Bond'un naif bir adam olmadığını biliyoruz; dolayısıyla flörtteki bahsi arttırıp kadına o gece cinsellik yaşamayı teklif ediyor.

Solange şöyle yanıt veriyor: "Yakın mı?"

Aslında "Kaçamak yapmak için fazla vaktim yok" demek istiyor.

Bond "Çok yakın" diye yanıtlıyor ve arabaya biniyorlar.

Sahneyi kapatırken Bond kendine yakışan son bir hamle yapıyor, aynı zamanda otel olan kumarhanenin bahçesinde arabayla bir tur attıktan sonra az önce arabaya bindikleri yere geri dönüyor ve kadına gülümseyerek "Mekanıma hoş geldin!" diyor.

Bazen Bond'un kadın versiyonuyla karşılaşırsınız; benim başıma gelmişti...

14

AVCI RUHLU BİR KADIN

Son yıllarda flört oyununda avcı ruhlu kadınların sayısı gittikçe artıyor ve bazıları bunu yaparken içlerindeki dişi enerjiyi de korumayı başarıyorlar.

Bir kadın doğru hamleleri yaparken dişi enerjiyi ortaya koyabiliyorsa erkekler için çok çekici hale gelir.

Ben böyle bir kadınla karşılaştığımda takvimler 2007 senesinin kasım ayını gösteriyordu.

Birleşmiş Milletler Teşkilatı'nın Roma'da bulunan merkezinde çalışmaktaydım ve Güney Amerika ülkeleri üzerine çeşitli konularda analizler içeren raporlar hazırlıyordum.

Yaptığımız işlerin yanı sıra ofis saatleri içerisinde teşkilat merkezinde organize edilen konferanslara katılabiliyor ve sinema salonunda yayınlanan bazı belgesel filmleri de izleyebiliyorduk. Sanıyorum iş saatlerimin rahat olduğu bir günde sinema salonuna giderek Balkanlar üzerine bir belgeseli izledim. Bu arada ofislerde daha önce karşılaşmadığım genç bir kadının bana bakmakta olduğunu gördüm ancak pek üstünde durmadım ve filmi izlemeye devam ettim.

Aynı gün öğle saatlerinde bir başka departmanın yönetici ekibi ile ortak toplantımız vardı ve müdürüm bu toplantıya benim de katılmamı istedi. Normalde bu toplantılara beni davet ettiğini hatırlamıyorum çünkü sadece yönetici kadro katılıyordu ancak o gün nedense (!) toplantıya katılmamı söyledi.

İki insanın tanışması gerekiyorsa, evrendeki tüm koşullar bir araya gelerek bu tanışmanın sahnesini hazırlayacaktır, Zamanın Sessiz Ruhu...

Toplantıyı gerçekleştirirken ilk yarım saat sadece not almaya odaklandım ve açıkçası pek etrafıma bakmadım fakat sonra garip bir hisle bir çift gözün benim üzerimde olduğunu hissettim. Kafamı kaldırdığımda onunla göz göze geldik, Nicole.

Bakışlarını üzerime sabitlemişti, tarif etmesi zor ancak sanki beni daha önceden yani yıllar öncesinden tanıyormuş gibi bakıyordu.

Toplantıdan çıktık ve kendi ofislerimize döndük.

Bu olayın üzerinden yaklaşık bir hafta geçtikten sonra bir gün ofisimde çalışırken kapı çaldı, toplantıda gördüğüm kadın karşımda duruyordu. Onu biraz tarif etmeliyim;

Yaklaşık 1.70 boylarında, kumral saçları beline kadar uzanan, çok az makyaj yapmış ve yüz hatları neredeyse pürüzsüz, üzerinde siyah renk bir bluz ve altında yine siyah renk bir kumaş pantolon olan çekici bir kadından bahsediyorum. Tahminlerime göre yirmi sekiz yaşlarında olmalıydı, yani benden iki üç yaş büyük olduğunu fark etmiştim. Aslına bakarsanız hayatımda yolum hep benden olgun kadınlarla kesişti fakat bu başka bir kitabın konusu...

Aramızda geçen diyalogları birebir olarak yazıyorum:

N: "Selam, sizi biraz rahatsız edebilir miyim?"

A: "Neden olmasın?"

N: "Beni hatırladınız mı, geçen gün toplantıda karşılaştık."

A: "Hayır hatırlayamadım" derken gülümsedim. Şaka yaptığımı hemen anladı;

N: "Ben Nicole" derken elini uzattı, tokalaştık, ismimi söyledim anlamadı ve birkaç defa sordu, sonra kendisi de tekrarladı, sanki ismime alışmaya çalışır gibi bir hali vardı, bu durumu garipsedim ama o anda sadece bir şeyler sormaya gelmediğini anladım.

A: "İsmimi doğru söylemen imkânsız, sen Amerikalısın" dedim.

N: "Esprili birisi olduğunu anlamıştım."

A: "Toplantıda mı anladın bunu? Oradaki ciddi halimden anlamış olamazsın."

N: "Belli ediyorsun."

A: "Peki sana nasıl yardımcı olabilirim?"

N: "Bak yine ciddileşmeye başladın, işle ilgili gelmedim tanışmak istedim, burada arkadaşlık yapacak pek kimseyi bulamıyorum senin de yabancı olduğunu anladım."

A: "Nerelisin sen?"

N: "New York, Rhode Island."

A: "Çok havalıymış, benim bildiğim genelde erkekler kızın yanına gider tanışmak için."

N: "Evet ama bir hafta bekledim toplantıdan sonra ofisime gelip tanışmaya çalışmadın bile!" derken sesinde hafif sitem kırıntıları olduğunu hissettim.

A: "Ben çabuk tavlayabileceğin erkeklerden değilim üzgünüm."

Gülmeye başladı. Sonra devam ettim;

A: "Beni beklediğinden haberim yoktu, arkadaşlık yapacak insan bulamıyorum derken ciddi misin? Burada sekiz yüzden fazla çalışan var, nasıl bulamıyorsun?"

N: "Tanıştığım birileri var ama sohbetleri çok sıkıcı, sen daha kafa dengi birine benziyorsun."

A: "Bunu benimle hiç konuşmadan uzaktan görünce mi anladın?"

N: "Polis gibi sorular sormak zorunda mısın? Ne biçim bir adamsın ayağına geliyoruz bin tane soru soruyorsun!" hem gülüyor hem de sitem ediyordu.

A: "Kusura bakma her kızın yemeğe çıkma teklifini kabul edemem, seni tanımam ve sana güvenmem lazım."

Yüksek sesle bir kahkaha attı ve sonra "Benim seni tavlamam mı gerekiyor" dedi.

A: "Kesinlikle öyle" dedim, "Duygularımla oynayan kadınlar beni çok yordular, senin güvenilir bir kadın olduğunu anlamam gerekiyor."

N: "Eğlenceli olmayı başarıyorsun."

A: "Fena değilimdir."

N: "O zaman seni yemeğe çıkartabilirim."

A: "Güzel bir mekân olsun ve masanın üzerindeki kırmızı güllerimi de hazırlamayı unutma!"

İkimiz de gülüyorduk, rolleri değişmiştik ve oyunu bu şekilde oynamak bize komik geliyordu. İlginç olan Nicole'un gerçekten de uzun zamandır beni tanıyormuş gibi sarkastik mizah anlayışıma hemen uyum göstermesiydi.

N: "Bütün bunları senin yapman gerekiyor, güller falan hepsini sen almalısın."

A: "İyi de çıkma teklifinde bulunmaya gelen sensin."

N: "Ben sadece seninle tanışmaya geldim, çıkma teklifini sen ortaya attın."

A: "Tamam teklifini kabul ediyorum, uzun süreli yalnızlığımı seninle bitiriyorum."

Bu arada saçlarıyla oynuyordu, hafif kızarmıştı ancak karşı hamleler yapmaya devam etti;

N: "Seni beğendiğimi zannetme sadece merak ettim."

A: "Evet eminim öyledir."

N: "Fırsatları hiç kaçırmıyorsun sanırım sana hiç yaklaşmamalıydım."

A: "Artık çok geç, yapılan teklif geri alınmaz, beni ne zaman yemeğe çıkartıyorsun?"

N: "Sana mesaj atarım numaranı verir misin?"

A: "Ben her kadına numaramı vermiyorum önce sana güvenmem lazım."

N: "Bir saniye bayım asıl benim bunları söylemem gerekiyor, rolünü iyice abartma."

A: "Gecenin bir yarısı beni aramayacağından nasıl emin olabilirim? Önce bana güven vermelisin sonra sana numaramı verebilirim."

N: "Sana nasıl bir zarar verebilirim ki, saçmalama!" Bunları söylerken kıkırdıyor.

A: "Bana sadece cinsellik için yaklaşmadığını nereden bileceğim? Ben gecelik ilişkiler yaşamıyorum ciddi değilsen lütfen benden uzak dur."

N: "Sakin görüntünün altında bir panter varmış, oysa kendini hiç belli etmiyorsun."

A: "Bunu daha ilk görüşte anlayabilen kadınları severim."

N: "Ben de gösteriş yapan erkekleri sevmem."

A: "O zaman doğru yerdesin."

Uzun süre güldük. Her şeyi o başlatmıştı ama sonrasını ben getirdim. Mizah anlayışı olan bir kadındı ve aynı zamanda güzeldi, onda biraz Amy Adams havası vardı.

Sonraları bana itiraf etti; meğer o gün ofisime gelmeden önce bir ay boyunca beni gözlemiş ve aynı ortamda bir araya geleceğimiz günü beklemiş. Ortak gerçekleştirilen toplantı onun aradığı fırsatı yaratmış ve toplantıda benim sakin duruşuma pek inanmamış.

"Senin içinde flört etmeyi seven bir adam olduğunu görmüştüm" dedi.

Bazı kadınlar kendilerine ilgi gösteren erkeği değil, kendi belirledikleri adamı tercih ederler, yani avlarını belirleyip ona doğru hamle yaparlar.

Nicole de bu kadınlardan biriydi.

Bir süre flört ettik ve sonra ilişkimiz oldu.

İyi de aklıma gelmişken; flört ile ilişki arasındaki fark nedir?

Bu konuya değinmenin zamanı geldi...

15

FLÖRT İLE İLİŞKİ ARASINDAKİ FARKLAR

Bu iki kavram arasında ciddi farklar olduğunu söylemeliyim, en büyük fark ise flört aşamasındaki insanların eğlence odaklı olmalarıdır.

Amaçları eğlenmektir.

Sizinle aynı dilden konuşan ve sizi anlayan bir insanın size yönelik ilgisini birtakım esprilerle ve mizah kullanarak dile getiriyor olması hayatınıza eğlence katar ve keyif almaya başlarsınız, özellikle bir süredir yalnız olan insanlar için aniden karşılarına çıkan birinin verdiği heyecan tarifsiz olabilir.

Öte yandan bu heyecana çabuk kapılarak beklentiye giren insanlar, flört aşamasını hemen ciddi ilişkiye çevirmek isterler ancak bu hızlı değişim aslında flörtün düşmanıdır.

Şöyle açıklayalım; sizinle flört eden bir erkek sizi tanımaya çalışıyor ve size yönelik ilgisini ortaya koyuyor demektir. Bunu yaparken amacı birlikte ne kadar uyumlu olduğunuzu anlamaktır, dolayısıyla ciddi ilişkiyi düşünmeden önce aranızdaki uyumdan emin olmalıdır.

Erkek dünyasında şöyle bir söz vardır:

"Abi yeni tanıştığın kızla ilişkiniz nasıl gidiyor?" diye sorulduğu zaman bir erkeğin yanıtı genelde şudur:

"Kızı daha tanımıyorum bile, sadece iki kez görüştük, ne ilişkisi?"

Bir erkeğin ilişki içerisinde olduğunu kabul etmesi tanıştıktan sonra en az üç ay zaman alır; ilk üç aylık süreçte ise kadınla arasındaki iletişime sadece flört gözüyle bakar.

Burada dikkat etmeniz gereken nokta bu adamın bir sırtlan olup olmadığıdır, yani acaba size yönelik tek amacı cinsellik olabilir mi?

Bunun için özellikle flört aşamasında ilk otuz gün bir erkek ile cinsellik muhabbetine girmeyin diyerek özetlediğim bir kuralı Youtube kanalımdaki videolarda ifade ettim: "*İlk otuz gün kuralı.*"

Bu kurala göre bir erkeğin size karşı ciddiyetini anlamanın en kolay yolu, cinsellikten uzak durmanızdır; çünkü size karşı duyguları varsa zaten cinsellik konusunda acele etmez ve her şeyi akışına bırakır.

Öte yandan bir kadına ilgi gösterirken tek amacı cinsellik olan adamlar için ilk otuz gün cinsellik konularına kesinlikle girmeyen bir kadın zaman kaybıdır ve o kadından hemen uzaklaşır. Yani bu kuralı uyguladığınız zaman yeni tanıştığınız bir erkeğin asıl niyetini kısa yoldan öğrenebilirsiniz.

Diyelim ki bir adamla tanıştınız ve asla cinsellik konularını açmıyor, aranızda her şey düzeyli ilerliyor ve sizi tanımaya çalışıyor. Aynı zamanda mesajlarda sizinle yoğun olarak flört ediyor, örneğin size şöyle mesajlar gönderiyor:

"Sana günaydın demeden güne başlayacak değilim."

"Dün gece neden rüyama geldin ve uykularımı kaçırdın?"

Sabah ofisteyken çektiğiniz bir selfiyi ona gönderiyorsunuz, size cevaben şunları yazıyor;

"Maşallah yine formdayız yakıyorsun ortalığı prenses."

Akşam iş saatleri sonrasında size şunu yazıyor;

"Bugünün en kötü tarafı seni görememiş olmak,

ben seni sürekli düşünmek zorunda mıyım?"

Şimdi buraya dikkat edelim:

Bir adamla tanıştınız ve üç aydır birliktesiniz, aranızda hiçbir cinsellik konusu geçmedi ve yukarıdaki flört cümlelerini ya da benzerlerini ondan sürekli duyuyorsunuz yani size olan ilgisi gittikçe artıyor.

Bu adam sizinle flört ediyor, size ilgisi çok yüksek seviyede ve KESİNLİKLE SIRTLAN DEĞİL. Artık bundan emin olabilirsiniz çünkü hiçbir sırtlan üç ay cinsellik yaşamadan ilişkiye devam etmez.

Pratik sırtlan testini geçtikten sonra gelelim şu sorunun yanıtına:

"İdeal flört süreci ne kadardır?"

Flört tanıştıktan sonraki doksan günlük süreyi içerir, ideal süreç budur. Eğer siz birisiyle üç aydır flört ediyorsanız artık aranızda ilişkiden bahsedebilirsiniz çünkü iyi anlaşıyorsunuz. Aranızda güzel bir uyum olmasaydı flörtünüz doksan gün sürmezdi, muhtemelen beş altı hafta içerisinde iletişimi keserdiniz ama öyle olmadı ve devam ettiniz, bu durumdan uyumlu bir çift olduğunuzu anlayabilirsiniz.

Öte yandan aşağıdaki iki senaryoyu yanlış buluyorum:

Yaklaşık on beş gündür tanışıyorsunuz ve şöyle düşünmeye başladınız; "Ben bu adamı nasıl ciddi ilişkiye ikna ederim?" Çok acele ediyorsunuz ve flörtünüz bunu hissettiği anda flörtü etmeyi kesip sizden uzaklaşabilir. Erkekler bu kadar erken ciddi ilişki muhabbetinden hoşlanmazlar.

Bu sadece bizim ülkemizde değil dünyanın her yerinde aynıdır, tanıştıktan sadece üç hafta sonra evlilikten bahseden sevgilisine İtalyan arkadaşım Marcello şöyle cevap vermişti: "Bu kadar acele edersen kaza yaparız tatlım, biraz sakin ol."

Aynı durum erkekler için de geçerlidir, bazı adamlar kadınla tanışır tanışmaz evlilik sohbeti açıyorlar ve kadın bu durumdan ürküyor, haklı olarak tedirgin oluyor. Evlilik gibi ciddi konuların ilişkinin hemen başında gündeme gelmesi sağlıklı değildir çünkü karşınızdaki insan şöyle düşünür: "Tanıştığı ilk insanla evlenme derdinde!"

Öte yandan flörtün en büyük düşmanı çevre baskısıdır. Henüz yeni tanıştığınız ve birkaç defa görüşüp mesajlaştığınız bir insanı hemen ciddi ilişki psikolojisine sokmaya çalışıyorsanız muhtemelen çevrenizden size yönelik bir baskı vardır;

"İki defa görüştünüz işte, seni oyalamasına izin verme!"

"Kızım bu adam seni oyalıyor bence sen ona evlilik konusunu aç niyetini hemen anlayalım!"

"Güzelim ben böyle adamları çok gördüm bak iki

haftadır seninle yazışıyor hâlâ yüzük getirmedi, resmen seninle dalga geçiyor!"

Asıl iki haftadır tanıdığı kadına yüzük götüren bir erkek sağlıklı değildir çünkü bu kadar kısa sürede kimse kimseyi tanıyamaz.

Bir de madalyonun diğer yüzüne bakalım:

Bir adamla tanıştınız ve flört aşamanız harika geçti, birlikte keyifli vakit geçiriyorsunuz, size saygılı davranıyor ve kesinlikle başka kimseyle flört etmiyor yani bu adam bir sırtlan değil ve tüm dikkati sizde. Yine de ufak bir problem var; dokuz aydır birlikte olmanıza rağmen hâlâ flört oyununa devam ediyorsunuz; sizinle geziyor, eğleniyor, şakalaşıyor ama sevgilim demiyor, hayatım demiyor, sizi merak etmiyor ve sadece eğlence amaçlı mesajlar atıyor. Görüştüğünüz zamanlarda size çok yakın ve samimi davranıyor fakat geleceğe yönelik tek kelime etmiyor.

İlk doksan günün ardından ona bir konuşma yapmanız gerekiyordu ama yapmadınız, geç kalmış değilsiniz, özetle şunları söyleyin:

"Flört aşamasını geçtiğimizi düşünüyorum, harika anlaşıyoruz ve bu uyumu başka bir insanla bulmak kolay değil. Aramızdaki ilişkiden mutlu oluyorum ama senin sadece eğlence havasında olman biraz canımı sıkıyor. Dokuz ay geçmesine rağmen hâlâ senden sevgi sözcükleri duyamadım, elimi bile tutmuyorsun. Acaba ben bu ilişkiyi tek başıma yaşıyor olabilir miyim?"

Bunları sakin ve sempatik bir ses tonuyla söyleyin ve sonra bakışlarınızı ona çevirin;

Ona üç tane yol bırakıyorsunuz:

- Sessiz kalabilir.
- "Haklısın ancak ben böyle devam etmek istiyorum bunu ilişki gibi görmüyorum" diyebilir.
- "Hayatım geleceğimizi planlayalım o zaman" diyerek size sarılabilir.

İlk iki davranışa tepkisiz kalmayın ve "Peki canım sen bilirsin" diyerek onunla aranıza bir süre mesafe koyun, bu konuda gayet ciddiyim. Eğer bunu yapamıyorsanız onun tavrını kabul ediyorsunuz demektir.

Her erkek birlikte olduğu kadının tepkilerine göre adım atacaktır, siz tepkisiz kalırsanız o hiçbir adım atmayacaktır, anlıyor musunuz?

"Adil Bey sizi anlıyorum ancak bu adama böyle konuşmalar yaparsam çeker gider onu kaybederim" diyenler vardır mutlaka, onlara cevabım şu şekilde olacak:

"Sana bir bilgi vereyim papatyacım, her zaman kaybedeceksin. Hiçbir tavır gösteremediğin için sonsuza kadar cepte olacaksın, sevgilin sendeki kaybetme korkusunu görüyor ve bundan dolayı ilişkinizde ciddi adım atmıyor. Senin hiçbir yere gidemeyeceğini biliyor."

Bir insanla tanıştıktan sonra ilk iki haftada hemen ciddi ilişki olmayacağı gibi, dokuz ay sonra hâlâ flört ediyor olamazsınız. Sizi oyalamasına izin vermeyin, flörtün süresi en fazla üç ay olmalıdır.

Dolayısıyla flört ile ilişki arasındaki farkları özetleyecek olursak:

- Flört aşaması tanışmadan sonraki maksimum doksan günlük süreyi kapsar, daha fazla sürmesi sağlıklı değildir, doksan gün sonrasına ilişki diyoruz.

- Flört aşamasında eğlence vardır, karşılıklı espriler havada uçuşur.

- Flört aşamasında bir taraf diğerine beğenisini dolaylı yoldan ve bazı esprilerle ifade etmeye çalışır, bu aşamada "Senden hoşlanıyorum" gibi duygusal mesajlar bile çok garip karşılanır çünkü bunlar için çok erkendir. Genelde bu tip şeyleri daha önce hayatında kimseyle ilişki yaşamamış insanlar yapar çünkü heyecana kapılıp bir an önce duygularını ortaya dökmeye çalışırlar. Öte yandan flörtü bilen bir insan için flört ederken söylenen duygusal cümleler birer şaka malzemesi gibidir ve bunları ciddiye almaz.

- Flört aşamasında plan yapılmaz, geleceğe yönelik planlar konuşulmaz, iki taraf henüz birbirini tanımaya çalıştığı için ortak planlar için çok erkendir.

- Flört aşamasında ailesiyle tanıştırması garip bir davranıştır çünkü çok erkendir.
- Flört aşamasında size sürekli kur yapan bir insanın tanıştıktan sadece bir ay sonra evlilik konusunu açması size mantıklı geliyor mu? Evlilik konusu flört sürecinde açılmaz, bunu yapan insanın sadece sizi etkilemeye çalıştığını unutmayınız.

- Flört aşamasında sizin aile hayatınıza veya arkadaşlarınıza dair yorumlar yapması sizce normal midir? Diyelim ki biriyle tanıştınız ve sadece iki ay sonra sizin hayatınızla ilgili her konuda yorumlar yapıyor size akıl veriyor ve yıllardır tanıdığınız arkadaşlarınızdan hoşlanmadığını söylüyor. Daha kötüsü, siz onun dediklerini harfiyen yapmaya başlıyorsunuz, maalesef bu durum size büyük zarar verecektir. Sadece iki aydır tanıdığınız bir insan için yıllara dayanan dostlarınızı ve hatta ailenizi karşınıza alıyorsanız muhtemelen büyük bir duygusal boşluktasınız veya ilgi açlığı yaşıyor olabilirsiniz.

- Yeni tanıştığınız insan sizinle flört ediyor ve sürekli beğenisini dile getiriyor, üstelik flört sürecinde sırtlan erkek tavırları yok ancak ufak bir problem var sizden borç para istedi ve siz vermeyince ilgisini azalttı. Uzun zamandır yalnız yaşıyorsunuz ve onun ilgisi hoşunuza gitmişti, dolayısıyla size ilaç gibi gelen ilgisini kaybetmemek için ona borç para verdiniz fakat bir süredir geri alamıyorsunuz. Flört aşamasında ve hatta ilişki aşamasında bile borç para vermenizi tavsiye etmiyorum. Sadece evliliklerde maddiyat ortaktır.

Görüldüğü üzere, ilk doksan günü kapsayan flört aşaması, sonrasında gelen ilişkiden oldukça farklıdır. *Peki her flört ilişkiye dönüşür mü?*

16

HER FLÖRT İLİŞKİYE DÖNÜŞÜR MÜ?

Instagram profilime gelen bir mesajı hatırlıyorum, özetle şöyleydi:

"Adil Bey merhaba,

Siz kadınlara ilişkide ilk otuz gün kuralını getirdiniz, yani tanıştıktan sonra ilk otuz gün boyunca cinsel ilişkiye girmeyin diyorsunuz ancak böyle bir genelleme yapmanız beni şaşırttı çünkü ben tanıştığım erkekle istersem aynı gece yatabilirim ve ertesi gün yüzüne bile bakmadan onu bırakıp gidebilirim, ondan hiçbir beklentim olmaz. Ben ve eminim benim gibi binlerce kadın keyfine göre yaşamayı seviyor dolayısıyla bir erkekle tanıştıktan sonra cinselliği ne zaman yaşayacağıma ben karar veririm. Siz kadınları korumak için böyle bir kural getirdiğinizi söylüyorsunuz ancak ben de size şunu sormak istiyorum acaba hâlâ cinselliği bir tabu halinde yaşayan kadın kaldı mı? Bence günümüzde artık kadınlar bunu özgürce yaşıyor ve hiçbir kadın erkekten evlilik falan beklemiyor, o devirler geride kaldı sadece size bilgi vermek istedim..."

İlişki Koçu olarak on senedir seanslar yapıyorum ancak özellikle son dört senedir tanınırlığım arttı ve milyonlarca kadın tarafından bilinen bir isim haline geldim. Bu durum bana bir şeyi öğretti ve bunu paylaşmak istiyorum;

Bazı insanlar dünyayı kendi yaşamsal çevrelerinden ibaret sanıyorlar ve herkesin onlar gibi yaşadığını düşünüyorlar oysa bana gelen mesajların çeşitliliğini görseler hayal bile etmedikleri yaşam tarzlarına şahit olurlar.

Örneğin cinsellik konusu; ben bazı videolarda cinsellikle ilgili bilgiler verdiğimde hemen mesajlar akmaya başlar: "Aman hocam sakın değinmeyin, cinsellik diye bir şey yoktur ayıptır yakışmaz, sanki öyle bir şey yokmuş gibi davranın!"

Cinselliğe değinmediğim zaman ise şöyle mesajlar gelir: "Hocam Türkiye'de kadın erkek ilişkileri üzerine en derin bilgileri veren sensin ancak cinsellik lafını ağzına bile almıyorsun, yazıklar olsun böyle bir iş olur mu!"

Yani özetle, ne yapsak tepki gösterecek birileri vardır.

Öte yandan, yukarıdaki mesajda ilginç bir nokta var, yazan kişi diyor ki hâlâ cinselliği mesele haline getiren kadınlar var mı?

Elbette var hem de sonsuz sayıda.

Otuz gün kuralını önermemin sebebi şuydu:

Ben uzun yıllar yurtdışında yaşadım ve beni yakından tanıyanlar hayata bakışımın ne kadar modern ve yargıdan uzak olduğunu bilirler, dolayısıyla insanlar cinsel hayatı istedikleri gibi yaşayabilirler ancak bazı kadınlar cinsellik yaşandıktan sonra mutlaka beklentiye giriyor ve sonrasında kendilerini kullanılmış hissediyorlar. Benim amacım onları bu travmadan korumaktır, bir erkeği iyice tanımadan ve ona güvenmeden bunu yaşamayın diyorsam sebebi budur.

Bir başkası "ben cinsellik sonrası ilişkiden hiçbir beklentiye girmem sadece keyif almaya bakarım" diyorsa otuz gün kuralı onu bağlamayabilir.

Flört aşamasında henüz ilişkinin adını koymadan

yaşanan cinselliğin erkekler açısından bir beklenti yaratmadığı açıkça ortadadır, fakat benim birebir çalıştığım vakalarda gördüğüm kadarıyla kadınların yüzde doksanı flört aşamasında yaşanan cinsellik sonrası mutlaka ciddi ilişki beklentisine girmektedirler, dolayısıyla bu gerçekleşmediği zaman en başta o adama ve sonrasında tüm erkeklere yönelik tepkisel davranış biçimi içine girerler.

Bu durumda klasik erkek psikolojisi en basit haliyle şöyledir:

"Ben seni zorlamadım ki, eve gel dedim geldin ve seviştik, ne var bunda? Madem istemiyordun gelmeseydin. Üstelik cinsellik yaşarken sen de keyif almadın mı? O zaman neden beni seni kullanmış oluyorum, bu durumda zevk almak için sen de benim vücudumu kullandın..."

Aslına bakarsanız cinsellik konusunda standart erkek bakış açısı bu kadar basittir.

Dolayısıyla bu konudaki düşünceniz sizin yaşadığınız flörtün ilişkiye dönüp dönmemesi konusunda belirleyici bir rol oynayacaktır.

"Ben flörtü önce ilişkiye ve sonrasında evliliğe dönüşmesi için yaşıyorum" diyenler bana kalırsa flört aşamasında cinsellikten uzak dursalar daha iyi olur.

Öte yandan "Ben sadece anı yaşıyorum ve keyif almaya çalışıyorum, hayat kısa" diyenler cinselliği istedikleri gibi yaşayabilirler çünkü cinsellik sonrası hiçbir beklentiye girmiyorlar.

Bazı çiftler flörtü şöyle yaşarlar:

İş çıkışı bir barda yalnız başına yemek yiyen bir kadın ve erkek belki de sadece "Tuzluğu uzatır mısınız?" sorusu üzerinden tanışır, saatlerce konuşur ve sonra çok eğlendiklerini fark edip geceyi birlikte geçirirler. Ertesi sabah ofislerine gider belki birkaç gün boyunca mesajlaşır ve eğer hâlâ görüşmek istiyorlarsa flörte devam ederler. İkisi de kafa olarak rahat davranırlar çünkü o anda flört ederken hiçbir beklentileri yoktur. Avrupa'da yaşanan ilişkilerin neredeyse yüzde yetmişi böyle rahat bir flört aşamasından geçmiştir ancak bu durum bizim kültürümüz için pek geçerli değildir.

Bizim ülkemizde, iki tarafın da birbirinden hiçbir beklentiye girmeden cinsellik yaşadıkları rahat bir flört aşamasının ardından ilişkiye dönen vakaların sayısı en fazla yüzde on olabilir.

Dolayısıyla kadınlara seslenirken, "Yeni tanıştığınız bir erkeğin samimi davranışlarından ve size saygılı yaklaşımından emin olmadan onunla cinsellik yaşamayın" dememin sebebi bizim kültürümüzü tanıyor olmamdır.

Her flört ilişkiye dönüşmez; bazen flört edersiniz ama ikinizin de ciddi ilişkinin sorumlulukları konusunda tereddütleriniz olabilir dolayısıyla eğlence havasında birkaç ay takıldıktan sonra yollarınızı ayırabilirsiniz ya da bazı çiftler yıllarca flört aşamasında devam etmeyi tercih ederler, bu durum tamamen kendi seçimleri olabilir.

Mesela ben şu tanımlamayı çok samimi buluyorum:

"Biz ortak acılarımızda birleştik, ikimiz de boşanmış ailelerde büyümüş insanlarız ve ciddi ilişkinin sorumlulukları konusunda korkularımız var dolayısıyla yıllardır birlikte olmamıza rağmen hiç evlilik düşüncesine girmedik."

İnsanlar evlenirler ya da evlenmezler, flört aşamasını ciddi ilişkiye çevirirler ya da çevirmezler tamamen kendi kararlarıdır. Özel hayat denmesinin sebebi budur.

Uzay çağındayız ve insanlık Mars'ta yaşam izleri arıyor, kainat uçsuz bucaksız bir sonsuzluğu içeriyor. Böyle bir sonsuzluk içerisinde bir ilişkide insanların kendi aralarında nasıl kararlar aldıkları sadece onları ilgilendirir.

17

SİHİRLİ FLÖRT CÜMLELERİ

Ben kelimelerin gücüne inanıyorum.

Elimizde kelimeler var ve kendimizi ifade etmek için bu kelimeleri kullanıyoruz. Yeri geliyor kelimelere hakim olamıyoruz veya kimi zaman kelimeleri yanlış yerde kullanıp ciddi hatalar yapıyoruz ama hayat yolculuğunda kelimeleri doğru şekilde kullanmayı ne zaman öğrenirsek o zaman olgun insan haline geliyoruz.

Kelimeleri kullanıp kendimizi ifade ederken en büyük hata fevri olmaktır çünkü kendini tutamayıp ağzına geleni söylemek insanı haklıyken bile haksız duruma düşürür. Söylediklerimiz için sonrasında çok pişman oluruz ancak karşı tarafta yarattığımız kötü hisleri geri alabilmenin bir yolu yoktur.

Bir insandan mideniz bulandığı zaman onunla bir daha yan yana gelmek istemezsiniz çünkü muhtemelen kelimeleri kullanma biçimi sizi rahatsız etmiştir. Bazı insanların kelime dağarcığı zengindir ama yine de kendilerini yetiştirip avam insan modelinden kaliteli insan seviyesine geçemedikleri için ilişkilerinde partnerlerini kırmaya devam ederler.

Şunu kaç defa duyduğumu inanın ben de bilmiyorum:

"Aslında çok iyi bir insan ancak ne zaman aramızda bir tartışma olsa onun içinden bir canavar çıkıyor ve ağza alınmayacak küfürler ederek beni aşağılıyor. Öfkeli olmadığı zamanlarda ise adeta bir melek!"

Burada anlaşılmayan durum, bir insanın asıl yüzünün gergin olduğu anlarda ortaya çıkıyor olmasıdır. Yani sakin olduğu zamanlarda kimseyi gerçekten tanıyamazsınız.

Partnerinin hasta ruhlu bir insan olduğunu kabullenmek istemeyenler, öfke anlarında gördükleri manzarayı sadece bir öfke nöbeti gibi algılamaya çalışırlar, oysa bu doğru değildir.

Sizinle flört ederek ilgisini gösteren bir insanın her şeyden önce sağlıklı bir birey olup olmadığına dikkat etmenizi öneriyorum.

Peki sizinle flört etmeye başlayan bir erkeğe siz hangi sihirli flört cümleleri ile karşılık verebilirsiniz? Size etkili tavsiyelerim var:

- Size istikrarlı şekilde ilgi gösteren ve beğenisini dile getiren bir erkeğe fazla ilgi göstermeden ve *basit görünmeden* (Ben bu tabiri sevmiyorum ancak ülkemizde bazı kadınların en büyük endişesi flört ederken basit görünmektir, dolayısıyla mecburen bu tabiri kullanıyorum.) açık kapı bırakmak istiyorsanız şunu söyleyin:
  "Seni tanımak isterim"
  Bu kadarı yeterlidir ve şu anlama gelir: "Evet ilgimi çekiyorsun ama henüz seni tanımıyorum ve bana yeterince güven vermiyorsun."

- Diyelim ki aradan bir süre geçti ve ona ısındınız aynı zamanda size karşı sırtlanvari tavırlarını görmediniz, o zaman bu adama biraz umut vermek istiyorsanız şunları söyleyin:
  "Tanıdıkça kendini sevdiriyorsun, kendimi sana yakın hissedeceğimi hiç düşünmemiştim."

- Henüz flört aşamasında olmanıza rağmen acele edip cinsellik konularına girmeye başlarsa ona sakince şunları söyleyin:

"Bunları konuşmak için çok erken, acele eden erkeklerden hoşlanmıyorum."

- Eğer aynı hataları yapmaya devam ederse örneğin ilgisizlik, sosyal medyada başka kızları takip veya ortaya çıkan bazı yalanlar gibi, ona şunları söyleyin:
  "Sanırım senden hızla soğumaya başlıyorum."

- Sizin uyarılarınız üzerine kendine çeki düzen vermeye başladıysa şunu söyleyin:
  "Zeki bir adamsın, zamanla beni anlamaya başladın."

Gördüğünüz gibi yaptığı hatalardan dolayı ona laf sokmak yok, yargılama yok ya da geçmişte yaptığı hataları sürekli yüzüne vurmak yok çünkü bunlar belki sizi rahatlatır ancak ilişkinizde size hiçbir fayda getirmez dolayısıyla bunları yaparak enerjinizi boşa tüketmeyin. Erkeklerin anladığı dil kısa uyarılar ve hiç lafı uzatmadan söylenen direk mesajlardır.

Size bir sır vereyim; erkek beyni dolaylı mesajlardan hiçbir şey anlamaz dolayısıyla derdinizi en basit cümlelerle agresif olmadan ve sempatik bir ses tonuyla söyleyin, o zaman sizi anladığından emin olabilirsiniz.

İlkokul kitaplarında bile "Ali topu at" ifadesi geçer, "Ali topu elinden çıkar" gibi dolaylı ifadeler geçmez.

"Ben ona problemlerimi söylemiyorum çünkü onun beni anlamasını bekliyorum" diyen kadınların sonsuza kadar bekleyeceklerini düşünüyorum çünkü hiçbir erkek, birlikte olduğu kadının aklından geçenleri anlayacak kıvrak zekaya sahip değildir.

Aynı zamanda onunla flört ederken size her zaman saygılı ve nazik davranmasına dikkat edin, saygı sınırını aşmasına rağmen siz yine de sessiz kalıyorsanız büyük bir hata yapıyorsunuz demektir.

Genelde bana başvuran danışanlarda gördüğüm en büyük hata budur; uzun süre boyunca kendilerine ilgisiz ve kötü davranmış bir adamı sürekli alttan aldıktan sonra, ani bir kararla onu tekrar saygılı bir insana dönüştürmek veya flört aşamasındaki o ilgili adama çevirmek için benden destek isterler.

Unutmayın bir erkek sizinle flört ederken sözleri, hareketleri ve davranış biçimiyle size kendi kalitesini gösterir.

"Tanıştığımız andan itibaren kalitesiz biri olduğunu biliyordum ancak onu zamanla eğitirim diye düşündüm" diyenlere kısa bir mesajım var:

Aslan terbiyecisi tabirini hiç duydunuz mu?

Aslanları eğitmek zor bir iştir ama bir adamı değiştirmekten daha kolaydır. O adamın on yıllar içerisinde ailesinden ve çevresinden aldığı ya da alamadığı eğitimi düzeltmeye çalışmak size keyif veriyorsa bu konuda iyi şanslar diliyorum. Bu durumu şuna benzetiyorum, bir elma ağacında kırmızı elmalar dururken en yeşil elmayı koparıp eve götürüyor ve onu kendi çabanızla olgun bir elma haline getirmeye çalışıyorsunuz. Oysa elmayı olgunlaştıran, hava şartları, rüzgar ve mevsimlerdir.

Kendi hayatında mevsimleri görmemiş bir insan, aynen elma gibi, hep yeşil kalacaktır...

18

ACABA SEN FLÖRTÖZ BİRİ MİSİN?

Bu kitabı yazmak benim için keyifli bir serüven oldu.

Türkiye'de halen bilinmezliğini koruyan flört kavramına farklı bir bakış açısı getirmek ve flört etme yöntemlerini ortaya koymak istedim.

Kitabı yazarken bir şeyi fark ettim; bu sadece bir başlangıç.

Flörtü yazdıkça ne kadar derin bir okyanusta yüzdüğümü anladım, dolayısıyla kulaç atmaya devam ederek bu kitabın devamını sizlere sunmayı amaçlıyorum.

Bizim ülkemizde kadın erkek ilişkileri bir tabu olarak görülmeye devam ettikçe, flört ve daha nice kavramlar gizemini koruyacaktır.

Kitabın sonunda belki de kendinize şunu soruyorsunuz:

"Acaba ben flörtöz bir insan mıyım?"

Bunu anlamanızı sağlayacak kısa bir sahne açıyorum sizlere:

Nişantaşı'nda bir kafedesiniz. Elinizde kitap kahvenizi ılık ılık yudumluyorsunuz, keyfiniz yerinde. Yaklaşık bir senedir hayatınızda kimse yok ve eğer hayatınıza dahil olmak isteyen bir erkek varsa mutlaka sizi hak etmesi gerekiyor, standartlarınız yüksek. Buraya kadar her şey güzel, keyifli bir ruh haliyle kitabınızı okuyorsunuz ve yan masaya sizin açınızdan çekici fiziksel özellikle sahip bir eril varlık oturuyor.

Bu noktada kitabı okuyan erkekler, "Yazar neden sürekli kadınlara yönelik örnek veriyor?" diye düşünebilirler, sahneye dönmeden önce bu soruya cevap vermeliyim:

Youtube istatistiklerine göre kanalıma abone olanların yüzde doksan ikisi kadınlar.

Instagramda ise profil sayfamı takip edenlerin yüzde seksen dokuzu kadınlardan oluşuyor.

Şimdi kafedeki sahneye geri dönelim;

Yan masanıza bir erkek oturdu ve yaklaşık on dakika sonra size kibar bir ses tonuyla seslenip şekeri uzatmanızı rica etti, tavırlarında ve sesinde sizi rahatsız eden hiçbir şey yok ve siz kafanızı kaldırıp onun yüzüne hiç bakmadan masanızdaki şekeri ona uzatıyorsanız; flörtöz bir kadın değilsiniz.

Çünkü flörtü başlatan bir bakıştır.

Şekeri uzatırken kafanızı kitabın sayfalarından kaldırıp ona baktınız ancak yüz ifadeniz mahkeme duvarı gibi hissiz ve son derece ciddi; flörtöz bir kadın değilsiniz.

Çünkü sıcak bir gülümseme flörtü başlatır.

Şekeri uzatırken ona baktınız ve hatta gülümsediniz, o da size gülümsedi ve kibarca teşekkür etti. Sinyali almış oldu, sizinle konuşmaktan çekinmedi ve o kafeye ne kadar sıklıkta uğradığınızı sordu, son derece sıradan bir soru olmasına rağmen sizi rahatsız etti ve ona konuşmak istemediğinizi söylediniz; flörtöz bir kadın değilsiniz.

Çünkü flörtü başlatan unsur havadan sudan sohbet etmektir.

Bu arada kendini bu sahnede hayal eden bazı kadınların tepkisi şöyle olabilir:

"İyi de ben flörtöz bir kadın olmak zorunda mıyım? Kafede yanıma oturan bir erkekle sohbet etmek zorunda mıyım? Eğer bir ilişkim olacaksa bu insanla kafede tanışmak zorunda mıyım? Ona gülümsemek zorunda mıyım? Ona sinyal vermek zorunda mıyım? Ben hiçbir şey yapmam erkekler yapsınlar, kimseye sinyal falan veremem. Ayrıca şekeri neden benden istiyor, gitsin başkasından istesin beni rahatsız etmesin."

Böyle düşünenleri yakından tanıyorum ve anlıyorum. Onların arasında benim danışanlarım, arkadaşlarım ve hatta dostlarım var.

Öte yandan bazı kadınlar ise aynı sahnede şöyle düşünürler:

"Peki daha tanışma anında onu etkileyecek tavırlar nasıl olmalı? Adamın başını döndürecek cümleleri nasıl söyleyebilirim?"

Bu soruyu kendinize soruyorsanız sizde flört etme konusunda muazzam bir potansiyel var demektir, belki henüz sizdeki cevher ortaya çıkmadı ancak onu daha fazla saklandığı yerde tutamazsınız, kendinizi geliştirmeye ve araştırmaya başladığınıza göre yakında bir flört sanatçısı olacaksınız.

19

ŞÜPHE FLÖRTÜ BESLER

"Sen şüphe yaratmayı bilmiyorsun."

"Nasıl yani?"

"Şüphe yaratman gerekiyor, bunu beceremiyorsun."

"Neden bahsettiğini bile anlamıyorum?"

"Anlamıyorsun çünkü beni dikkatli dinlemiyorsun, dikkatini vermeye çalış."

"???"

Böyle bir diyalog akıyordu aramızda. Uzun yıllardır tanıdığım arkadaşım Okan, yeni tanıştığı bir kızla bir süre flört ettikten sonra kızın kendisinden uzaklaşmasına yine engel olamamıştı. Yine diyorum çünkü bu durumu daha önce kaç defa bana anlattığını hatırlamıyorum, sürekli aynı şey başına geliyordu. Benden bir çözüm bekliyordu çünkü onun tanıdığı tek ilişki koçu bendim.

Ona yol göstermeyi denedim ama danışanlarımla yaptığım seanslarda kimi zamanlar karşılaştığım bir durumu yakın arkadaşım Okan ile yaşıyordum; beni dinlemiyordu. Söylediklerimi duyuyordu ama dinlemiyordu. Şöyle ki; duymak ile dinlemek arasında dağlar kadar fark olduğunu söyleyebiliriz. İnsanlar duyduklarını genelde dinlemezler, sadece duyarlar. Bilgi kulaklarından girer ancak beyne ve algıya ulaşmadan imha olur, yok olur, sonsuzluğa doğru karanlıkta kaybolur gider. İşte biz de Okan ile konuşurken bu durumu yaşıyorduk ve ona anlatmaya çalıştıklarımı anlamadığını fark etmiştim. Tekrarladım ve şansımı yeniden denedim:

"Flörtü düşün, bir kadınla tanışıyorsun ve henüz ilk görüşmeniz, ne yapman gerekir?"

"İlgisini çekmem gerekir."

"Güzel!"

"Bak demek ki seni anlıyorum!"

"Hayır bekle, daha devamı var. İlgisini çekmen güzel bir hamle olur ama yeterli olmaz, seni ne yapması gerekir?"

"Ne demek istiyorsun?"

"Evladım seni tam olarak ne yapması gerekir?"

"Ne evladı abicim biz fakülteyi birlikte okuduk, ne diyorsun sen?"

"Öğreten adam ben olduğuma göre sana istediğim gibi hitap ederim öyle değil mi?"

"Tamam konuya dön, neyi eksik yapıyorum flört ederken?"

"Gizem."

"Gizem yaratmak?"

"Aynen öyle, sen duygularını kıza çok hızlı söylüyorsun. Daha ilk görüşmede 'Senden hoşlandım' demek neyin kafasıdır?"

"Hata nerede?"

"Sence duygularını bu kadar kolay ifade eden bir erkek modeli kadınlar açısından çekici olur mu?"

"Neden olmasın?"

"Okan sen flörtü anlamamışsın!"

"Anlat o zaman!"

"Şansımı deniyorum ama sen dinlemiyorsun."

"Peki dinliyorum söyle."

"Flörtte bir kadını en çok heyecanlandıran konulardan bir tanesi, kalbinde senin duygularından emin olmaya çalışıp bir türlü emin olamadığı süreçtir. Bu süreç bazen haftalarca sürer ve sürekli kalbinde kelebekler uçuşur 'Acaba bu adam beni seviyor mu?' Düşünsene bunun için papatya falı diye bir kavram bile ortaya atılmış!"

"Evet doğru, ben bunu pek yapmıyorum, hemen duygularımı söylüyorum kız kaçmasın diye."

"Nereye kaçıyor kız?"

"Ne bileyim ben? Kaçar gider kaybederim diye korkuyorum sanırım."

"Bu özgüven eksikliğinin temelinde ne yatıyor?"

"Eski travmalar, korkular, kötü deneyimler, aldatılma korkusu."

"Peki bunların sorumlusu bu yeni tanıştığın kız mıdır?"

"Asla değil."

"Kimdir peki?"

"Benim eski takıldığım kızlar, beni üzenler."

"O zaman neden korkularını bu kıza yansıtıyorsun? Onunla hiçbir ilgisi yok ki..."

"İyi de sen Aristo mantığı ile olaya yaklaşıyorsun, insanın duyguları olunca böyle mantık yürütemez ki!"

"Sen de bu sebeple bana danışıyorsun zaten, duyguların seni perişan ettiği için!"

"Kesinlikle öyle."

"Bu durumda beni dinlemen senin için daha iyi olacak."

"Denerim."

"Flört, iki tarafın da heyecan duyduğu ama karşı tarafın hislerini tam olarak çözemediği sürece denir. İlişkiden önceki süreç dememizin sebebi de budur çünkü ondan hoşlanıyorsun kendi duygularından eminsin ancak onun duygularından kesinlikle emin değilsin ve çözmeye çalışıyorsun."

"Çözmeye çalışırken de bu durum bana heyecan veriyor, öyle mi?"

"Bingo!"

"Evet anladım sanırım."

"Sonunda!"

"İyi de ben Boğaziçi mezunu bir mühendisim, nasıl oluyor da bu konulara kafam basmıyor onu anlamıyorum?"

"İnsan ilişkileri mühendislikten daha zor bir sektör diyelim, daha karmaşık."

"Kesinlikle öyle, yok duygunu gösterme, yok hislerini belli etme, yok kaçar gider, yok kaybetme korkusu, abi her şeyi doğru yapsan bile hâlâ garantisi olmuyor..."

"Hayatta garantisi olan bir şey söylesene!"

"Evet haklısın. Peki, kız benim duygularımdan emin olmayınca benden uzaklaşmaz mı?"

"Hayır neden uzaklaşsın, sen ona vakit ayırdıkça, birlikte vakit geçirdikçe aslında duygularını da göstermiş oluyorsun. Daha ilk görüşmede 'Ben senden çok hoşlandım' diyen bir insan heyecanı öldürür çünkü merak faktörünü ortadan kaldırır."

"Şüphe yarat diyorsun."

"Sen de aynı şekilde şüphe yaratan kadınlara âşık olmuyor musun?"

"Kesinlikle öyle."

"Bu kadınlar sana daha çekici gelirler."

"Tamamen öyle."

"Aynı durum kadınlar için de geçerlidir. Flört süreci zaten iki veya en fazla üç ay sürer, bir meyvenin çiçek açmadan önce tomurcuklanma süreci gibi düşün. Yani ilişkiye dönmeden önce tarafların birbirlerini keşfetme süreci diyebiliriz, havada yoğun aşk kokusu vardır ve kelebekler uçuşur."

"Mükemmel bir benzetme oldu."

"Teşekkürler."

"Ben hemen konuya girmeye çalışıyorum sanırım."

"Peki ama neden? Bu acele neden? En tatlı süreci neden yok ediyorsun?"

"Emin olmak istiyorum sanırım."

"Neyden emin olmak?"

"O kadının benden hoşlandığını hemen görmek istiyorum."

"Bunu hemen görmek ve emin olmak biraz sıkıcı olmaz mı?"

"Kafa yapımı böyle alıştırmış olabilirim."

"Değiştirebilirsin, imkânsız değil. Biriyle tanıştığın zaman acele etmeyi bırakmalısın, sonuç değil süreç odaklı olmaya çalış."

"Nasıl yapacağımı bilmiyorum."

"Biriyle tanıştığın zaman birlikte geçirdiğiniz her andan keyif almayı dene, 'Aramızda ne olacak veya bu ilişki nereye gider' diye düşünmeden sadece onu tanımakla başla. Mesela birlikte sinemaya gittiniz ve film sizi güldürüyor, birlikte keyif aldığınız bu anlar çok değerlidir ve benzersizdir, yıllar sonra bile hatırlarsın."

"Kızla ilişkimin yıllar süreceği ne malum?"

"Kızla demedim, sen yıllar sonra bile hatırlarsın dedim."

"Kızla sürmez yani öyle mi? Başarısız olacağıma bu kadar eminsin!"

"Alıngan bir yengeç erkeği olduğunu unutmuşum kusura bakma."

"Evet öyleyim, kızla sürmez diyorsun."

"Sen işte burada kaybetmeye başlıyorsun, bir kadınla tanışıyorsun ve sürekli zihninde 'Acaba aramızda ne olacak?' diye düşünüyorsun, sonra bu düşünceler endişeye dönüşüyor ve endişe de kaybetme korkusu olarak seni ele geçiriyor. Böyle flört edilmez. Sana anlatıyorum, dediklerimi dinle ve uygula, sakin olmaya çalış ve sonuç odaklı değil süreç odaklı ol. Hayatı da böyle yaşamak gerekir, her andan keyif alarak ve yoğun bir keşfetme arzusuyla yaşamak güzeldir."

"Başka bir önerin var mı?"

"*Flört Etme Sanatı* kitabımı oku, belki kitapta sana da yer veririm, belli olmaz..."

20

JAPON ÇİFTÇİNİN HİKÂYESİ

Okan ile süregelen atışmalarımıza yine dönerim çünkü flört ederken onun gibi acele eden ve hemen sonuca gitmeye çalışan çok sayıda insan var. Oysa önceki bölümde bahsettiğim gibi, flört ilişki öncesi keşif sürecidir ve insana keyif veren de budur; keşfetmek için çabalamak ve emin olamamak. Bir insanın sizinle ilgili net ve kesin hislerini anladığınız anda flört tüm gizemini ve dolayısıyla heyecanını yitirir. Daha ilk tanışmada "Hadi biz sevgili olalım!" diyen insanlar flört etmeyi sevmeyen ve hemen sonuç isteyenlerdir, çünkü onlar her şeyi kontrol altında tutmaya çalışırlar.

Oysa ne hayatta ne de ilişkilerde hiçbir şey kontrolümüz altında değildir. Öyle olduğunu zannederiz ancak bu imkânsızdır, kontrolün bizde olduğunu hissettiğimiz anlarda bile sadece bir yanılsama içine düşeriz. Bizi çevreleyen koşullar sürekli değişir ve bunlara yönelik bazı çözümler üretmek zorunda kalırız. Sonra karşımıza yeni koşullar ve sorunlar çıkar ve sürekli bir döngü içerisinde hayatımız devam eder. İlişkiler ve evliliklerde durum aynıdır, hiç sona ermeyen bir döngü içerisinde karşılaştığımız irili ufaklı konularla uğraşmak bizi olgunlaştırır ve en önemlisi fevrilik gibi, ilişkilerimize zarar veren bazı kötü özelliklerden kurtulmamız gerekir. Bu kitabın önceki bölümlerinde fevri davranan ve aniden öfkelenen insanların ilişkilerinde sorunlar yaşadıklarından bahsetmiştim. Öte yandan farklı durumlarda çözüm üretebilen ve yapıcı olan insanlar sosyal hayatta her zaman başarılı olurlar.

Diyeceksiniz ki Japon çiftçinin flört kitabında ne işi var? Bana kalırsa hayatta her kavramın kendine göre bir felsefesi vardır ve eğer yoksa, zaten o kavram uzun süreli kalıcı olamaz. Dolayısıyla flörtte en önemli başlıklardan biri olan "esneklik" kavramını bu hikâye ile anlatmayı uygun buldum.

Japon çiftçinin tarım arazileri üzerindeki işlerinde ona yardımcı olan bir atı vardır. Yıllardır, at üstünde sağa sola koşturup işlerini halleder. Günlerden bir gün atı kaçar gider, herkes bu duruma şaşırır çünkü adamın atı olmadan araziye çıktığını gören kimse yoktur. Dolayısıyla komşuları bu kötü haberi alınca adama destek olmak için çiftliğine giderler ve hepsi birden "Ne kadar kötü oldu atının kaçması, bu duruma üzülüyorsun değil mi?" diye sorarlar, adam kısa bir yanıt verir: "Belli olmaz."

Adamın bu yanıtına bir anlam veremeyen komşuları çekip giderler. Fakat ertesi gün bir de duyarlar ki kayıp at, yanında başka yedi at ile birlikte çiftliğe geri dönmüş!

Elbette bu duruma şaşırırlar ve hemen adamı ziyarete gidip tebrik etmek isterler. Çiftliğe gittikleri zaman adamı gayet sakin ve yeni gelen atları tımarlarken bulurlar. Hep bir ağızdan ve coşkuyla "Harika oldu değil mi! Bak şimdi başka atlara da sahip oldun ne şanslı adamsın!" diye bağırırlar fakat adam sakin bir ses tonuyla şöyle yanıt verir: "Belli olmaz."

Adamın cevabına yine bir anlam veremez ve oradan uzaklaşırlar. Bu olaydan tam bir ay sonra adamın uzun süredir Japonya dışında yaşayan oğlunun babasının çiftliğine dönüş yaptığı duyulur, dolayısıyla komşular toplanıp hoş geldin ziyaretine gitmeye karar verirler. Çiftliğe gittiklerinde oğlanın yatakta bacağı alçıya alınmış halde yattığını görünce nedenini sorarlar ve çiftçi her zamanki sakin ses tonuyla, yeni gelen atlardan birine binerken atın biraz asi çıktığını ve oğlanı üzerinden attığını söyler. Neyse ki oğlan bu durumu sadece bir kırıkla atlatmıştır!

Komşular aralarında konuşmaya ve homurdanmaya başlar; "Ne kadar kötü oldu değil mi? Oğlun da yeni gelmişti baksana ne kadar şanssız bir durum!" diyerek adamın acısını paylaşmaya çalışırken adam aniden onları susturur ve "Belli olmaz" diye yanıt verir.

Bu bölümün başında dediğimiz gibi insan dış koşulları asla kontrol edemez! Bu olaydan on beş gün sonra aniden Japonya savaşa girer ve orduya yeni asker arayışı başlar. Çiftliğe giden yetkililerin çocuğun bacağı kırık olduğu için onu askere alamadıklarını öğrenen komşular durumu anlar; "Asla belli olmaz!"

Kıssadan hisse, öyle olaylar karşımıza çıkıyor ki ilişkiler âleminde bazen sizlere çok kötü veya talihsiz görünen durumlar aslında sizi daha büyük belalardan koruyor olabilir. Sosyal medya üzerinden yeni başlayan bir flörtün sizi ilk birkaç hafta içerisinde çok yükseltmesi normaldir, özellikle de uzun süredir hayatınıza biri girmediyse, bu durumun size heyecan vermesini doğal karşılayın ancak sonra flört ettiğiniz kişinin aniden ortadan kaybolması sizi şaşırtmasın. Belki biraz üzüntü, sıkıntı, iç daralması yaşanır ama belki de eğer uzun süreli ilişkiye dönseydi sizi çok daha büyük belalar bekliyor olacaktı, nereden bilebilirsiniz?

Hayata daha geniş bir perspektiften bakmak her zaman iyidir, sakinleşmenize yardımcı olur. Özellikle de sadece bir veya iki haftadır sosyal medya üzerinden yazıştığınız bir insanın ciddi bir flört olduğunu düşünmeyin, bu insanın size hayatıyla ilgili anlattığı şeylerin gerçekliğinden emin olmanız için en az altı ay boyunca onu tanımanız ve yakın iletişim halinde olmanız gerekir.

İşler sizin istediğiniz gibi gitmediğinde veya flört aşamasında olduğunuz insan, büyük bir hayal kırıklığına dönüştüğü zaman kendinize şunu hatırlatın:

"Acaba ne gibi belalardan korunuyorum? Göremediğim ve aslında görmek dahi istemediğim nice sıkıntılar bu insanla birlikte hayatımdan uzaklaştı. Şanslıyım!"

21

DİŞ GEÇİRME SENDROMU

"Adil'e Sor" uygulamasından bana gelen sorular arasında yoğun olarak bu sendrom ile karşılaşıyorum; bu ismi uygun buldum ve kendi zihnimde yarattım çünkü daha iyi bir açıklaması olduğunu sanmıyorum.

Bu sendromu şöyle açıklayabilirim: İki insan tanışırlar ve aralarında hafif şiddette flörtleşme turları başlar, karşılıklı beğeniyi gösteren üstü kapalı iltifatlar, ilgi sözcükleri ve şakalar devam eder. Bir anda, gün boyunca sürekli iletişimde olduklarını fark ederler ve bu durum ikisinin de hoşuna gider. Uzun zaman sonra, karşılarına çıkan bir insanın gerçekten doğru kişi olduğunu hissetmek ve ilgisini görmek güzel bir duygu yaratır.

Öte yandan, taraflardan biri dominant, yani baskın karakterde olabilir, maalesef bu durum zamanla büyük bir soruna dönüşme riski taşır, çünkü aralarında kısa zamanda oluşan güzel duyguları yok etmesi mümkündür. Örneğin birlikte hafta sonu tatili planlıyorlar ancak yer konusunda anlaşamadılar; birisi Bolu Abant yapalım derken diğeri İstanbul yakınlarında Şile Ağva taraflarına gitmek istiyor. Bir taraf alttan alır ve sonuçta Bolu'ya gitmeye karar verirler, harika bir hafta sonu tatilinde Abant Gölü çevresinde yürüyüş, orman gezisi ve doğayla kucaklaşma her ikisine de iyi gelmiştir. Zaman içerisinde sürekli dominant tarafın dedikleri uygulanırsa, işte bu durum tehlike yaratır çünkü alttan alan ve hep uyumlu davranmak zorunda kalan partner "şişme" dediğimiz durumu yaşar, yani içine attıkça sıkıntıya girer ve belli bir noktada patlar.

Bu senaryoda dikkat çekici olan unsur ise şudur: Flört ederken amaç tam olarak nedir?

Keyif almak mı yoksa sözünü geçirmek mi?

Günümüzde ilişkilerin çok kısa sürmesinin en büyük sebeplerinden biri tarafların sürekli karşılıklı olarak diş geçirmeye ve dediğini yaptırmaya çalışmalarıdır. Bu gerginlik içerisinde unuttukları bir şey var; yaşadıkları ilişkiyi korumak.

Karşılaştığım vakalarda kimi zaman sorarım; aşağıdakilerden hangisi flört ederken size daha çok keyif veriyor?

- Sözümü geçirmek.
- Birlikte keyif almak.
- Partnerimi yönetmek ve yönlendirmek.
- Uyumlu olmak ve partnerimi mutlu etmeye çalışmak.

Bu şıklar arasında en çok işaretlenenler A ve C şıkları diyebiliriz. İnanıyorum ki eğer bu soruyu bundan otuz sene önce sormuş olsaydık, bu yanıtları almazdık ancak Dünya'da her şey değişti ve ego herkesi yönetmeye başladı. Maddiyatçı bir dünyada ilişkilerde egonun yönetimi altına girmemiz pek şaşırtıcı değil ama uyumu tamamen bir kenara bırakıp, baskın olmaya çalışmak insanlara zarar veriyor, üstelik bunun kesinlikle farkında değiller.

Sözünü geçirmek veya partnerini yönetmek amacıyla flört eden bir insanın yapması gereken evine bir köpek almaktır; çünkü köpek sahibi birisi olarak söyleyebilirim ki köpekler emir almaktan ve sahibini memnun etmekten çok hoşlanırlar. Bütün gün evde bekleyen köpeğin en mutlu anı, kendisine sürekli direktifler veren sahibini akşam tekrar evde görmektir.

Oysa bir insana laf geçirmeye ve onu yönetmeye çalışmak aynı şey değildir. Karşınızdaki insanın kendini ifade etme ve kendini gerçekleştirme haklarını bir kenara bırakıp tamamen sizin dediklerinizi yapmasını istemek, flört oyununa uymaz.

Tam da bu sebeplerle, sürekli baskın olmaya çalışan insanlar, kadın veya erkek hiç fark etmez, "İlişkilerimde sürekli sorun yaşıyorum" diyerek bu durumu çözmeye çalışırlar. Çözmeleri için öncelikle sorunu analiz etmeleri gerekir, bunun yolu ise daha önceki iyi gitmeyen flört deneyimlerinde en çok duydukları eleştirileri mutlaka beyaz bir kağıda listeleyip, bunlar arasında düzeltebilecekleri taraflar varsa, onlar üzerinde çalışmaktır. Örneğin daha önceki partnerlerinden sürekli "Bana baskı yapıyorsun" eleştirisini almış bir insanın, flört ederken baskın olduğunu kabul ederek bunu törpülemeye çalışması iyi bir başlangıç olacaktır. Defalarca bu tip eleştiriler almasına rağmen, halen sorunu kendisinde değil de diğer insanlarda gören birisi çözüme uzaktır, çünkü yüzleşmeye kapalıdır. Bu arada tek bir insanın bize ilişkimizde baskın olduğumuzu söylemesi pek önemli değildir, ancak bunu birkaç defa ve farklı insanlardan duymamız halinde kulak vermemiz gerekir.

Flört ederken hep söylediğimiz keşif tanımını unutmayalım. Bizde güzel duygular yaratan ve hayatımıza yeni giren insanı tanımak istiyoruz ve sorular soruyoruz. Onu keşfetmek bize heyecan veriyor ve karşılıklı keyif alıyoruz, birlikte eğleniyoruz. Bu süreçte ona kendi istediklerimizi yaptırmaya çalışmıyoruz çünkü, flörtün doğasında diş geçirmek yoktur. Bunu yapmaya başladığımız anda, hedeften sapmış oluruz ve o noktadan sonra flörtün devam edip etmemesi tamamen partnerimizin insafına kalmıştır. Eğer çok anlayışlı ve uyumlu biriyse, bizim dominant tavırlarımızı bir noktaya kadar alttan almaya devam eder. Daha önceki bölümlerde bahsettiğim "Kontrol ediyorum, bu ilişkide kontrol bende" yanılsamasına düşeriz, bu sadece bir yanılsamadan ibarettir çünkü kimse sonsuza kadar bizi alttan almaz ve içinde biriktirdiği pasif agresif tavırları belli bir noktada masanın üzerine koyacaktır.

Unutmayalım ki diş geçirme üzerine kurulu ilişkiler, sadece alttan alan tarafın sabrına ve insafına bağlıdır; onların dayanma gücü bittiğinde ilişki de biter.

22

ISRAR ETMEDEN FLÖRT EDİNİZ

YouTube videolarımda kimi zaman bahsettiğim bir kuzenim var. Kendisi hayatını uzun yıllardır sırtlan erkek kıvamında sürdürüyor ve sayısını kimsenin bilmediği kadar kadına yürüyor. Bu adam benim çok yakın çevremde ve onu gözlemliyorum, neler yaptığına bakıyorum hatta kimi zaman aldığı sonuçlar karşısında şaşırıyorum çünkü çok basit bir taktik ile ilerliyor ve normal şartlar altında başarılı olması neredeyse imkânsız; ama sanırım normal şartlar altında değiliz.

Erkeklerin flört ederken tarzları farklı olabilir, genel olarak her erkek sonuç odaklıdır, yani zihninin bir yerinde cinselliğe ulaşmayı hedefler. Tam da bu noktada erkekler ikiye ayrılırlar; sadece cinsellik isteyenler ve hem duygu hem de cinsellik isteyenler. Kuzenim kesinlikle birinci sınıfa giriyor, duygusal davrandığını neredeyse hiç görmedim ama daha kötüsü aşırı derecede ısrarcı davranıyor ve kadınların genel olarak bu ısrardan hoşlandıklarını iddia ediyor.

Zaman içerisinde onunla aramızdaki tartışmalarda şunu fark ettim; ona kızgın olmamın ve onu sürekli eleştirmemin sebebi, yorulmak bilmeden sonsuz sayıda kadınla flört etmesi değildi. Çünkü kadınlar daha en baştan onun nasıl bir adam olduğunu anlamalarına rağmen, onun tarzından veya espri anlayışından hoşlanıp flörte devam ediyorlardı. Yani herkesin memnun olduğu ve kimsenin diğer tarafı zorlamadığı ilişkiler yaşıyordu. Buraya kadar her şey normal, ancak asıl problem buradan sonra başlıyor çünkü ne olursa olsun ısrar ediyor ve flört ederken aşırı derecede gurursuz davranıyor. İşte benim canımı sıkan şeyin bu olduğunu anladım çünkü flört ederken mutlaka bir tarzımız olması gerektiğine inanıyorum, her tanıştığımız insana göre şekil almak günün birinde kendi gerçek karakterimizi unutmamıza bile neden olabilir.

Bütün bunları bir gün kendisiyle tartışırken "Ben tamamen sonuç odaklıyım" dedi.

"Bunun seni mutlu ettiğini düşünüyor musun?"

"Elbette, kadınlar tarzımı seviyorlar."

"Tarzın nedir?"

"Sürekli ilgi göstermek, sonsuz bir ilgi bombardımanı diyelim."

Bakın burada ilginin sırtlanlar açısından ne kadar kolay bir yöntem olarak algılandığını görüyoruz, "İlgi gösterdiğim zaman her kadını alırım" anlayışında olduklarını zaten asla saklamazlar hatta bu bilgiye sahip oldukları için övünürler.

Sonra konuşmamız benim başka bir sorumla devam etti:

"Senden gerçekten hoşlanmayan bir kadına sürekli ısrar etmek seni utandırmıyor mu?"

"Utanmak derken? Neden utanayım ki?"

"Onu rahatsız ediyor olmaktan utanmak mesela."

"Rahatsız olmazlar ki hiçbir kadın ilgiden rahatsız olmaz, asla!"

"Bunu nereden biliyorsun?"

"Yaşadıklarımdan biliyorum."

"İlgi gösterdiğin her kadını, bu şekilde tavlamayı başardın mı?"

"Hayır."

"Peki, 'Yeter artık beni rahatsız ediyorsun' diyenler oldu mu?"

"Evet."

"İşte mesela bu durum beni rahatsız eder, bir başkasını rahatsız ediyor olmak."

"İyi de kimse her zaman on ikiden vuramaz. Yani bazen 'Hayır' diyenler çıkacaktır, iş kazası (pişkince gülüyor) diyelim."

"Zaten mesele burada, sen bu soruda bile sonuç odaklı cevap veriyorsun. Asıl mesele senin hayır cevabını almış olman değil, bir kadını ısrarınla rahatsız etmiş olman."

"Son noktasına kadar ısrar ettiklerim oldu, aylarca peşinden koştuklarım da oldu ve bana hayır diyen kadınlara hayran kaldığımı itiraf etmeliyim."

"Nasıl bir hayranlık?"

"Hayranım çünkü onların sayıları çok az."

Kuzenimin son derece hırslı ve çapkınlık konusunda azimli bir erkek olduğunu belirtmeliyim, flört ederken gözünü hırs bürüyor. Öte yandan böyle davranan kadınlara da sık rastlıyorum. Örneğin ilk görüşme, sosyal medyadan uzun süreli yazışmaların ardından ayarlanan ilk akşam yemeğini düşünelim. Güzel bir yer organize edilmiş ve görüşme öncesi daha fazla ilgi gösteren taraf erkek. Yani kadını akşam yemeğine çıkartabilmek için haftalarca çaba göstermiş. Dolayısıyla kadın yemeğe son derece özgüvenli ve kendinden emin bir halde gider, fakat bu görüşmede işler kadının planladığı gibi gelişmez ve adam yemek öncesi gösterdiği yoğun ilgiyi, sonraki günlerde sürdürmez, hatta belki de aniden ortadan kaybolur.

Flört aşamasında yaşadıkları bu durum bazı kadınlar için dayanılmaz bir hal alıyor ve aşağıdaki sorular kadının zihnini haftalarca veya aylarca meşgul ediyor:

- Nerede hata yapmış olabilirim?
- İlk görüşme öncesi bana gösterdiği yoğun ilgiye ne oldu?
- Neden aniden ortadan kayboldu?
- Neden aramalar ve mesajlar kesildi?
- İlk görüşmemiz harika geçmesine rağmen neden aramıyor?

Sonra bu soruları "daha tehlikeli" sınıfına giren diğer sorular takip eder:

- Yoksa bu adam benimle en başından beri dalga mı geçiyordu?
- Ben bu adama nasıl ders verebilirim?
- Ne kadar güçlü bir kadın olduğumu bu adama nasıl ispatlayabilirim?

- Benim duygularımla oynamak neymiş ona göstermemin yolu nedir?
- Bu adama nasıl bedel ödetebilirim?

Daha ilk görüşmenin ardından bu sorular kadının zihnini yorarken, aynı zamanda psikolojik açıdan kendini rahatsız hissetmesine neden olur. Aynı zamanda bu sorulara ikna edici yanıtlar veremediği gibi, saplantıya meyilli biriyse, bu durumu takıntı haline getirecektir. Orası geri dönülmez ve sonu karanlık bir yoldur...

Flört aşamasında sosyal medya üzerinden yazışmaları uzun tutmayın ve bir an önce yüz yüze görüşmeyi gerçekleştirin derken bunu söylüyorum. Yüz yüze görüşme konusunda ne kadar geç kalırsanız, hayal kırıklığı riskiniz o kadar artar. Çünkü yazıştığınız süre boyunca farkında olmadan o insana bağlanırsınız.

İlk görüşmeler bazen beklediğimiz gibi geçmez ve mesajlaşma sırasında bize sempatik gelen bir insanın bedensel enerjisi veya bakışları bizi tedirgin etmiş olabilir. Dolayısıyla buradan çıkartılacak sonuç çok basittir; onun bize uygun bir insan olmadığını kabul ederek hayatımıza devam etmek. Bunu görmezden gelip hırs yapan ve kötü geçen ilk görüşmeye rağmen, ısrarla bir duygu oluşturmaya çalışan insanların kendilerine yaşattıkları zaman kaybı ve stres çok enteresandır.

Flört ederken ısrara yer yoktur, kimi zaman bazı durumlar bizim hayal ettiğimiz gibi olmadığında, bir adım geride durarak her şeyi akışına bırakmak ilaç gibi gelir. Yaşadıklarımızın etkisinden çıkmak için o insana biraz mesafe koyarak, bize ne zaman adım atacağını görmeliyiz ve eğer adım atmazsa kendi hayatımıza yönelmek iyi bir seçenek olacaktır.

Seneler önce bir ay süren yazışmanın ardından bir kadınla buluştum, görüşmeye giderken aramızda süper bir enerji olacağını düşünüyordum ancak görüşmemiz hiç de beklediğim gibi olmadı. Aramızda güzel bir arkadaşlık enerjisi oluştu ama tutku eksikti. Normalde bir erkek beğendiği kadını arzular, bu arzuyu hissetmediği zaman arkadaşlığa döner. Bu noktada eğer kuzenim olsaydı, kendisi sırtlan olduğu için duygu veya tutku aramazdı ve kadınla cinsellik yaşamak için her yolu denerdi ama ben tutkuyu hissetmedim ve bir süre arkadaşça konuşmaya devam ettik. Sonra herkes kendi yoluna gitti, çünkü ikimiz de o görüşmeden bir şeyler çıkmasını bekliyorduk ve çıkmayınca aramızda sessiz bir hayal kırıklığı oluştuğunu biliyorduk. Yine de bundan dolayı ikimiz de hırs yapmadık ve flört etme konusunda ısrar etmedik, tam aksine bu durumu kabullendik ve olmayacağını anladık. *Çünkü bazen ne yaparsanız yapın bir şeyler eksiktir.*

23

FLÖRT KİMYA İLE ALEV ALIR

Hiç kendinize "Ben bu insanda ne buluyorum" diye sorduğunuz oldu mu?

Bu sorunun tam tersi de geçerlidir: "Bu insan bende ne bulmuş olabilir?" Elbette bu soru narsist bir insanın kendine soracağı sorular arasında değildir, ancak, objektif bir insan kendine sorabilir. Örneğin çok ünlü biriyle tanıştınız ve onun etrafında yüzlerce ve hatta binlerce hayranı vardır ama sizinle yakaladığı uyumu başka kimseyle yakalayamadığını söyler. İlk başta buna bir anlam veremezsiniz ama zamanla siz de bu uyuma ve kimyaya kapılırsınız.

Bir diğer anlamlı soru ise şudur: "Neden ondan kopamıyorum?"

Kimi zaman çok yerinde bir soru olacaktır, çünkü dışarıdan bakıldığında sizinle hiç uyumlu görünmeyen bir insan hayatınıza girer ve girmekle kalmaz merkezine yerleşir. Bu durumla sık karşılaşıyorum ve benim de başıma geldiğini söyleyebilirim. Yıllar sonra düşündüğüm zaman anlam veremediğim bazı ilişkiler yaşadım ve o kadınlarla neden birlikte olduğumu kendime açıklayamadım, çünkü ne kafa yapısı olarak ne de fiziksel özellikler olarak birbirimize uygun değildik fakat yine de bu ilişkiler yaşandı ve kimya bilimine ilgim artmaya başladı. Böyle uyumsuz birliktelikleri sadece kimya ile açıklayabiliriz.

Bazen bir danışanım ilişkisinin başlangıç aşamasını anlatırken şöyle cümleler kurar: "Aslında normalde hiç ilgimi çekecek bir insan değildi" ya da şunu söyler: "İlk gördüğümde hiç ilgimi çekmemişti ama zamanla ona bağlanmaya başladım. Genelde ilk görüşte ilgimi çekmeyen bir insana şans vermem, bu durum ilk defa başıma geldi."

Bunları duyarım ve ardında yatan faktörün ten uyumu olduğunu gayet iyi bilirim. İnsanları birbirine bağlayan unsurların başında gelir, normalde olmasını umduğunuz insanla olmaz ama hiç beklemediğiniz bir insanla muazzam bir ten uyumu yakalayabilirsiniz. Burada ten uyumunu anlamanızı sağlayan sadece cinsel birleşme değildir. Bu aşamanın öncesinde hatta flörtün ilk günlerinde, aşağıdaki durumları yaşıyorsanız ten uyumu var demektir:

- Herhangi bir kafede birlikte otururken terlemek.
- En sıradan konuları konuşurken bile ürperme hissi.
- Vücutta kaşıntı, sürekli sırt ve boyun bölgelerinizi kaşıma isteği.
- Yüzde ve burunda kaşıntı ve hafif alerjik reaksiyonlar.
- Nefes aldığınızı unutma hissi, adeta nefesini yutmak ve nefes sıklığının değişmesi.
- Bir şeyin sizi sürekli o insana doğru çekmesi, sanki görünmez bir el sizi ona doğru çekiyor, sandalyenizi masada ne kadar ondan uzağa koymuş olsanız da konuşurken farkında olmadan ona yaklaşmış olduğunuzu görüp bunun nasıl olduğuna şaşırıyorsunuz.
- Boyun ve kulak bölgesinde kızarma.
- Sürekli saçlarınızla oynama hissi.
- Bakışlarınız karşılaştığı zaman yutkunma hissi, ani yutkunmalar üst üste gelir.
- Avuç içlerinde sıcaklık, sanki ellerinizi ateş basmış gibidir.
- Kendinizi onun jest ve mimiklerini yaparken bulursunuz; örneğin o konuşurken dudaklarını ka-

şıyorsa siz de içgüdüsel olarak benzer tavırlar içine girersiniz ve bu durum onu gülümsetir.

Biz hoşlandığımız insana benzemeye çalışırız dolayısıyla ona benzer jest ve mimikler yapıyor olmamız gayet normal. Öte yandan ten uyumu olacağını gösteren sinyaller bedensel reaksiyonlar olarak kendini gösterir, bunlara bakıp tutkulu bir ilişkiye adım atmak üzere olduğumuzu anlayabiliriz. İki insanın bir masada yan yana veya karşılıklı oturması işte bu sebeplerle son derece önemlidir ve bu belirtileri telefon ekranından yazışırken anlamak imkânsızdır. İnsanın taşıdığı bir enerji alanı vardır, buna aura diyoruz, bu enerjiler karşılaştığı kimi insanlarla uyumlu ve diğerleri ile uyumsuz olabilir. Önemli olan her insanın kendisine uygun enerjide kişiyle karşılaşması ve ilişki yaşamasıdır.

Yeni biriyle tanıştığımızda bazen "enerjimiz tutmadı" dememizin sebebi de budur, çünkü karşımıza çıkan her insanla uyumlu enerjide buluşmak mümkün değildir. Öte yandan bizim enerjimiz gayet pozitif olmasına rağmen, hayatımıza giren bir insan kendi negatif enerjisiyle zaman içerisinde bizi aşağıya çekebilir ve enerjimizi berbat hale getirebilir. Bu nedenle, ilk görüşmede veya ikincisinde enerjiniz uymadıysa hırs yapmayın ve ısrar etmeyin çünkü ısrar kendi iradenizle kötü bir enerji alanına girmenize neden olur; yani size sadece zarar verir. Genel olarak flört ederken hırs yapmak bir bataklığa girmek gibidir, siz hırs yaptıkça daha derine batarsınız.

En başından size iyi enerji vermeyen kimseyle hayatınızı birleştirmeye çalışmayın, bu tip maceraların size zarar vereceğini bir an olsun aklınızdan çıkarmayın. Kimya sizin elinizde olan bir şey değildir, bazen bir insanla kimyanız ve enerjiniz tutmaz. Şunu da belirtmeliyim, bir insan sizden önce yaşadığı ve belki de çocukluğundan gelen tüm travmaların, korkuların, endişelerin ve yerleşik sorunların toplamıdır. Örneğin berbat bir ailede yetişmiş ve ailesinde hep kavga görmüş bir insanın kendi hayatındaki negatif enerji yükünü olduğu gibi sizinle yaşadığı ilişkiye getireceğini bilmelisiniz. Bazı insanlar "Ben bu insanın negatif enerjisini pozitife çevireceğim" diye hırs yaparlar, ancak daha yakından tanıdıkça ve birlikte zaman geçirdikçe, o insanın yıllarca negatif enerjiler biriktirmiş toksik yapıda yani zehirli bir enerji alanında olduğunu fark ederler. Bu durum doğal olarak bir hayal kırıklığı yaratabilir ama yine de kendi enerji alanınızı korumayı ve mesafe koymayı tercih edin; unutmayın bir paratoner değilsiniz!

24

ADAMIN CEBİNDE NE İŞİN VAR?

YouTube videolarımda bahsettiğim bir konu var; ilişkilerde cepte olmak!

Genelde yapılan bir hatadır fakat aynı zamanda geri dönüşü olan bir hatadır, çözüm yolunu da yine videolarımda paylaştım: "Soğuk duş etkisi."

Bu formülü bundan birkaç yıl önce videolarda paylaşmaya başladığım zaman ilk deneyenler büyük başarı sağladılar. Üstelik başarı hızlı bir şekilde geldi, yani papatyalar soğuk duş etkisini uyguladıkları adamların hemen bu tuzağa düşmesine şaşırdılar. Oysa ben erkek dünyasını kadınlara anlatırken bu formülün çok başarılı olacağını en başından beri biliyordum. Bütün mesele bu formülü uygulayacak sabır ve iradeye sahip olmakla ilgiliydi.

Yıllardır ilişki koçu olarak binlerce kadına yardımcı oldum ve yön gösterdim. Dolayısıyla kadınların hangi noktalarda takıldıklarını biliyorum. Bu bölümde bahsedeceğim cepte olmak konusunda ne kadar büyük hatalar yapıldığını aktarmak istiyorum.

Uzun zamandır özel hayatında kimseye yer vermemiş bir kadın düşünelim, iki senedir yalnız olması nedeniyle duygusal anlamda hata yapmaya açıktır. Bunun sebebi kadınlar ilgiyle beslenirler ve yoğun duygusal dünyalarını bir başkasıyla paylaşmak onlar için son derece önemlidir. Erkekler bu konuda daha duygusuz ve kendi başına buyruktur diyebiliriz. Uzun süreli yalnızlık kadında duygusal boşluk hissi yaratır ve bu süreçte karşısına çıkan ve ilgi gösteren bir erkeğe bağlanması son derece hızlı olacaktır.

Öte yandan, en şonunda doğru adamla tanıştığını düşünen bir kadın bu adamı hayatında tutabilmek için onun huyuna suyuna gitmeye çalışır. Elbette tüm kadınlar böyle değildirler ancak genel olarak karşılaştığımız vakalarda bu tip durumları gözlemliyoruz. Diyelim ki tanışalı sadece bir hafta olmuş ve adam görüşme tarihlerini kendi kafasına göre belirliyor veya "Benim evime gelsene" diyor. İşte bu noktada bazı kadınlar adamı kaybetmemek adına her istediğini kabul etmeye çalışırlar ve sürekli iletişimde kalabilmek adına her davetine giderler. Bu noktaya dikkat, işte cepte olmaya böyle başlarsınız, yani tüm davetlerini kabul ettiğiniz zaman.

Daha kötüsü, erkek bunu fark eder, yani kendisine asla hayır yanıtı verilmediğini anlar ve birçok erkek bu durumu kadının aleyhine kullanmaya başlar. Ev görüşmeleri artar, dışarıda görüşmelerin sayısı gitgide azalır ve adam henüz bir veya iki haftadır tanıdığı kadını kolaylıkla yönlendirebildiğini görür. Buna tamamen cepte olmak diyoruz, geçmiş olsun çünkü artık bu adamın cebindesiniz, üstelik sadece flört aşamasında olmanıza rağmen cebe girdiniz ve henüz bu adamı tanımıyorsunuz.

Maalesef her zaman daha kötü durumlar vardır, mesela bazı kadınlar sürekli adamın evine gittikleri gibi bir de evi temizlemeye başlarlar. Bu satırları okuyan bazı kadınların "Evet ben buyum" dediklerini duyar gibiyim. Evi temizler, yemekleri yapar ve adamın her ihtiyacını karşılamak için anaç bir sevgiyle hareket ederler.

Böyle hareket ettiğiniz zaman bir erkek ne düşünür biliyor musunuz?

"BU KADIN BENİ KAYBETMEKTEN DELİ GİBİ KORKUYOR!"

İşte bir erkeğin beynine gönderdiğiniz sinyal budur, yoğun bir kaybetme korkusu. Bu korkunun kendine has baharatlı bir kokusu vardır ve bu kokuyu her erkek alır, yanık kokusu gibidir. Hiçbir erkek kadının böyle davranmasından rahatsız olmaz tam aksine çok memnun olur ANCAK bu kadına asla âşık olmazlar. ASLA.

Neden mi?

"Ben saçımı süpürge ettim, hep ben verici oldum, fedakâr oldum, onu memnun etmek için her şeyi yaptım" diyen kadınların genelde terk edilmelerinin sebebi daha flört aşamasından itibaren adamın cebine girmiş olmalarıdır. Bir erkek bu kadar anaç sevgiyle yaklaşan kadına âşık olamaz, çünkü bu kadın onun sevgilisi gibi değil annesi gibi davranmaktadır. Bu nokta son derece önemli.

Oysa, aynı kadın sürekli ev davetlerini kabul etmek yerine, "Bence dışarıda görüşelim" deseydi ve hayır demeyi bilseydi bu adam flört aşamasında kadının mücadele isteyen bir tarzı olduğunu anlayacaktı. "Bu kadın için mücadele etmek zorundayım" düşüncesi erkekler için son derece önemlidir ve mücadele etme niyeti olmayan bir erkek, ne sizin için ne de başka bir kadın için mücadele etmez, amacı sadece cinsellik yaşamaktır. Bu tip adamlara Zambia sırtlanı diyoruz, sadece ısırıp kaçarlar.

Dolayısıyla flörtte en önemli kurallardan bir tanesi budur; asla cepte olma!

Hayatta en sihirli kelimenin "hayır" kelimesi olduğunu düşünüyorum. Bu konuda size bir hikâye anlattığım zaman nedenini anlayacaksınız.

Videolarımda bazen bahsettiğim sırtlan bir kuzenim var, genelde kadınlara en başta çok ilgi gösterir ve cinsellik yaşadıktan sonra ortadan kaybolur. Bugüne kadar ne kadar kadını üzdüğünü bilmiyorum ama sayıları enteresan boyutlara ulaşmış olabilir.

İşte bu adam bir gün beni yeni sevgilisi ile tanıştırdı. Sahneyi detaylı olarak anlatıyorum, Zambia sırtlanı kuzen 44 yaşında, beni tanıştırdığı yeni sevgilisi olan kız ise 24 yaşında, yani aralarında yirmi yaş fark var. Bunu bir kenara bırakıyorum, sırtlan son derece tipsiz ve aile içindeki lakabıyla "at hırsızı" ancak kız mankenlik yapıyor, yani muazzam derecede tipsiz bir erkeğin yanında son derece güzel bir kadın olduğunu düşünün. Bunu da bir kenara bırakalım çünkü günlük hayatta bunlar zaten normal şeyler diyelim.

Şimdi ana konuya geliyorum. Ben o dönemde kuzenin sürekli inanılmaz kadınlarla ilişki yaşamasına şaşırıyordum çünkü gösterdiği ilgi ve alakanın son derece yapay ve geçici olduğunu anlamak pek de zor değildi. Yani bir kadın bu adamla tanıştığı zaman, adamın sadece cinsellik yaşamak için ilgi gösterdiğini ve bunun dışında hiçbir amacı olmadığını hemen anlayabilir sanıyordum ama durum öyle değilmiş.

Birlikte İstanbul'da boğazda bir kafede buluştuk ve kahve içerken kızla aralarında şöyle bir konuşma geçti:

Sırtlan: "Yarın akşam bana geliyorsun."

Manken: "Tamam aşkım."

Sırtlan: "Haftaya salı akşamı davete katılıyoruz."

Manken: "Tamam aşkım."

Şaşkın ben: "Bir dakika, bu kızın kendi hayatı yok mu sen niye onu sürekli yönlendiriyorsun?"

Sırtlan: "Kız gayet memnun, sana ne oluyor pardon?"

Manken: Sadece gülümsüyor, sanırım konuşmayı bilmiyor.

Sırtlan: "Yani sayın ilişki koçu, bazı kadınlar erkeğin yönlendirmesini severler, anlıyor musunuz acaba?"

Öfkeli ben: "Sanmıyorum dostum, genelde parayı seven kadınlar senin gibi sırtlanları tercih ediyorlar."

Sırtlan: "Parayı sevmeyen kadın var mıdır?"

Manken: Gülümsüyor. Mankenler neden sadece gülümsüyorlar?

Sırtlan: "Öyle değil mi aşkitom?"

Manken: Gülümsüyor ve telefonuna bakıyor, sohbet onu sarmadı.

Sakin ben: "Neden her zaman mankenlerle takıldığını anladım."

Sırtlan: Gülümsüyor, ağzında sol üst tarafa takılan altın dişi görüyorum.

Neşeli ben: Gülüyorum.

Manken: "Ben banyoyaaaaa gidiyorum aşkitommm" diyerek masadan kalkıyor ve bir penguen gibi konuşuyor, tüm heceleri yayarak.

Manken hanım masadan kalktıktan sonra sırtlan bana şunları söylüyor:

"Sen bunları asla uyandıramazsın, çünkü asla bana hayır demezler, gel derim gelirler git derim giderler, bu kadar basit. Sen denemeye devam et, ben de kazanmaya devam ederim, bu oyunda her zaman ben kazanırım."

Ben cevap vermiyorum ama kendi zihnimde bir deneme yapmaya karar veriyorum, kız gelince kuzen bir telefon geldi diyerek bir başka kadınla görüşmek için masadan kalkıyor. Kızla yalnız kalıyoruz ve ben atağa geçiyorum:

"Canım senin bu adamın cebinde ne işin var? Onun her programına uymak zorunda değilsin, yoksa kullan at olursun kısa zamanda."

"O ne demek hocam?"

"Yani seni de diğer kızlar gibi kullanıp atar."

"Nasıl kullanıyor yani hocam?"

"Seninle seks yaptıktan sonra seni hayatından gönderir, o anlamda."

"Haaaa şimdi anladım hocam."

"Çok şükür. Neyse biraz kendi kurallarını koyman lazım, böyle olmaz."

"Neden olmaz hocam?"

"Sanırım senin üzerinde biraz çalışmam lazım, beni anlamıyorsun."

"Neyi anlamıyorum hocam?"

"Hmmmm, bu çalışma bir yere varmaz ben anladım."

"Neden öyle dediniz hocam?"

"Siz ne zaman tanıştınız?"

"İki hafta önce hocam."

"Senin duyguların nedir bu adama?"

"Ben ona âşığım hocam, doğru adam olduğunu biliyorum ve o da bana âşık."

"Gerçekten mi?"

"Neden öyle dediniz hocam?"

"Yani bu canlı türü âşık olabiliyor mu?"

"Bana âşık olduğunu söyledi hocam, neden yalan söylesin ki?"

"Doğru neden söylesin? Sen de haklısın, hiç yalan söylemez bu adam."

"Bence çok dürüst bir kuzeniniz var hocam, kalbi temiz bir adam."

???

"Neden öyle baktınız hocam?"

"Ben koptum şu anda canım, sen gerçekten farklı bir kadınsın."

"Teşekkür ederim hocam."

"Ne demek, rica ediyorum canım."

Bu arada bizim kuzen geri geldi ve bakışlarından benim ne yaptığımı bildiği belliydi. Şöyle bir baktıktan sonra bana dönüp: "Hiçbir yere varamazsın çünkü ben bu kadına âşığım" dedi. Yüzündeki gülümseme tamamen dalga geçtiğini gösteriyordu ve bunu anlamak için ona sadece iki saniye bakmam yeterli oldu. Neyse. Manken zaten telefonunu kurcalıyordu ve kafasını kaldırıp bakmaya bile gerek görmedi.

Bu deneme benim için önemli bir gözlem oldu diyebilirim, çünkü ilk defa sırtlan kuzene karşı bir atak gerçekleştirmiştim ama elbette başarısız oldu. İşin enteresan tarafı, korumaya çalıştığım ve uyardığım kadın tarafından benim atak uzaklaştırıldı. Bu arada kuzenim parmağını bile oynatmadı, kendini başkalarına savundurma konusunda bu kadar başarılı olması nedeniyle onunla gurur duyduğumu itiraf etmeliyim. Çünkü bu zordur, yani bir insan çeşitli koşullar altında kendini savunabilir ancak bir başkasına avukatlığını yaptırması hüner ister.

Çaresizce gülümsedim çünkü bazı kadınlar cepte olup erkeğin her istediğini yaptıkları zaman, her şeyin yolunda gideceğini düşünürler oysa bu neredeyse imkânsızdır.

Enteresan bir gerçeği açıklıyorum; bugüne kadar yaptığım seanslarda bir defa olsun "Ben emek vermedim ve adam beni terk etti" diyen bir kadına rastlamadım.

Lütfen yukarıdaki satırı tekrar okuyunuz çünkü ilginizi çekebilir.

Erkekler mücadele ettikleri kadına âşık olurlar, işte bu sebeple tanıştıktan sonra ilk otuz gün cinsel ilişki yaşamayın diyorum ve otuz gün kuralını getirdim; çünkü ilk görüşmede evine gittiğiniz bir erkek size ciddi ilişki gözüyle bakmaz. Belki harika bir gece geçirirsiniz ve adamla tutkulu bir ilişkiniz olabilir ancak uzun vadeli olması zordur, çünkü gayet dar olduğunu kabul ettiğim erkek bakış açısına göre kadın hemen eve geliyorsa muhtemelen bunu daha önce defalarca yapmıştır ve bu kadınla uzun ilişki yaşanmaz. Maalesef böyle dar ve ön yargılı bir bakış açısına kurban gidersiniz. Aynı mantıkla, eğer bir kadın her şeye evet diyorsa bu kadında kaybetme korkusu vardır ve asla bırakıp gidecek cesarete sahip değildir.

Eğer cepteyseniz şunları deneyin; aniden ilgiyi azaltın, mesela her gün arıyorsanız bunu azaltın ve iki günde bir aramaya başlayın. Ona gösterdiğiniz yoğun ilgi azalmaya başladığı zaman adam merak eder, "Acaba neden benden uzaklaşıyor?"

Bir erkek merak etmeye başladığı zaman aslında ibreyi yeniden kendi lehinize çevirmiş oluyorsunuz, çünkü merakla birlikte erkeğin ilgisi artar. İlgisi artan erkek daha fazla üstünüze düşmeye başlar, görüşme talepleri ve aramalar yoğunlaşır. Zaten en başından beri bunu istiyordunuz, işte size anahtarı veriyorum; ilgiyi azaltın.

Flört aşamasında çok yoğun ilgi gösterip bir erkeğin cebine giren bazı kadınların yaptıkları ikinci hata ise şudur; adamı kendilerine bağlamak için sürekli daha fazla ilgi gösterirler. Adam onları aramadıkça, daha fazla üstüne gider ve iyice artan kaybetme korkusu nedeniyle sürekli mesaj atarlar. Buna "yüzyılın hatası" diyebiliriz, çünkü böyle davranan bir kadının adamı bırakın kendine bağlamayı, elinde tutması bile imkânsızdır. Neden mi?

Nedenini şöyle açıklayabilirim; bir erkek cepte gördüğü kadınla yoğun tutku ve arzu nedeniyle ilişkisine devam edebilir ANCAK iyice üstüne gelmeye başlayan ve erkek diliyle "darlayan" bir kadını hayatında istemez. Hiçbir erkek baskıdan hoşlanmaz ve bundan uzak durmaya çalışır; dolayısıyla daha fazla üstüne gitmeye başladığınız anda aslında onu kendinizden uzaklaştırıyorsunuz. Yapmanız gereken, vitesi düşürüp ona mesafe koymak olacaktır ve bunu denediğiniz zaman her şeyin bir anda değişmeye başladığını görürsünüz.

"Ben asla onu aramadan veya mesaj atmadan duramıyorum" diyenlerin flört sanatçısı olmaları zordur, çünkü öncelikle bu sorunu aşmanız gerekiyor. Kendini kontrol edemeyen bir insanın, flörtte başarılı olması mümkün değildir, çünkü belli noktalarda kendinizi tutabilmeli ve geri planda kalmalısınız. Zaten cepte olma hatasına düşen çok sayıda kadın şunu söyler: "Ben yazmadan yazmıyor, ben aramadan aramıyor, bu adam neden hiçbir adım atmıyor?!"

Nedeni çok basit; onun sana adım atması için ona bir şans vermiyorsun!

Onu kendi haline bırak ve birkaç gün hiçbir şey yazma, ne zaman sana yazarsa cevap ver ama ilk adımı sen atma, neler olduğunu göreceksin. Sürekli üstüne gittiğin sürece, bu adam seni cepte görmeye devam edecek.

Bir kadın bana şöyle demişti: "Bu adamın beni cepte görmesinden nefret ediyorum, daha yeni tanıştık ama nasıl hemen cepte olduğumu anladı?"

"Ne kadar zamandır tanışıyorsunuz?"
"Üç hafta oldu."
"Onu ne kadar sıklıkta arıyorsun?"
"Her akşam arıyorum."
"Mesajlaşma nasıl?"
"Her gün yazıyorum, gününü soruyorum."
"Bunu neden yapıyorsun?"
"Onu merak ediyorum."

Bir kadının bunları flörte başladıktan altı ay sonra yapmasını anlarım, ancak üç haftalık bir flört süreci ilişkiye dönecek mi orası bile meçhulken, adama fazla ilgi göstermek büyük bir hatadır ve zaten bu hataların toplamında kendinizi cepte bulursunuz. Dolayısıyla kendini merak ettir kuralını unutmayalım, kendini her zaman merak ettir!

Gizem yaratmalı ve adamın seni merak etmesini sağlamalısın, kendini geri çek ve hayatınla ilgili her şeyi anlatma, onun zihninde bazı masum soru işaretleri yaratmaya çalış, bırak adam onları çözmek için uğraşsın dursun! Emin ol ne kadar gizem yaratırsan, bir erkek sana o kadar bağlanır. Hayır cevabının gücünü unutmayalım, hayır dedikçe onu bağlarsın ve senin peşinde koşması için ona gerçek sebepler vermiş olursun, ayrıca sizi bunun bir ötesine taşıyabilirim, çünkü erkekleri en çok bağlayan soruyu biliyorum. Bana bu soruyu sordukları zaman bilirim ki bu adam âşık!

"Ben bu kadını çözemiyorum hocam, bu kadının olayı nedir?"

Bir erkek danışan bana bu soruyla geldiği zaman hem bu adamın âşık olduğunu hem de onu aşka düşüren kadının benim YouTube videolarımı çok iyi ezberlemiş olduğunu anlarım. Böyle azimli ve dersine iyi çalışmış papatyalara hayran olduğumu itiraf ediyorum. Harikasınız!

25

FLÖRTTE SIRTLAN ERKEĞİ NASIL YENERSİN?

Önceki bölümde Zambiya'dan gelen sırtlan kuzenimin cepte gördüğü bir kadınla nasıl resmen dalga geçtiğini anlatmıştım. Öte yandan kazın ayağı her zaman böyle değildir, kendisinin çetin cevize denk geldiği bir vakaya şahit oldum ve bunu paylaşmak istiyorum. Sırtlanlarla karşılaştığınızı biliyorum ve anlatacağım bu olay size fikir verebilir.

Her zaman kadınları etkilemesiyle gurur duyan kuzen, bir dönem akademisyen bir kadınla flört etmeye başladı. Bana söylediğinde şaşırdım çünkü bütün hayatı boyunca sadece üç ya da dört kitap okumuş bir adamla akademisyen bir kadının ne işi olabilir?

Ben bu tip durumlarda Aristo mantığı yürüttüğüm için ilk başlarda kadının bu adamda ne bulduğunu anlamadım, fakat elbette tanıştıktan sonra kadına gösterdiği yoğun ilgiyle onu etkilemeyi başardığını fark etmem uzun sürmedi. Sanıyorum bir iş yemeğinde, bu kadının talihsiz yolu benim Afrikalı kuzenle kesişti ve bir sebep yaratıp kadının numarasını almayı başarmıştı. İlerleyen günlerde kadını yine saçma bahaneler yaratıp aradığını ve sonra işi tamamen flörtleşmeye dökerek günde yüzlerce mesaj attığını biliyorum, çünkü bunların bazılarını yanımda yapıyordu.

"Bak bu sefer senin çevrenden akademisyen bir kadın düşürdüm!" diye söze girdi.

"Benim çevrem?"

"İşte senin gibi okuyan eden insanlar topluluğu."

"Sanmıyorum, çünkü o tip insanlar senin gibi şekilsiz birine bakmazlar."

"Dostum ben İstanbul'un en lüks mekânlarında geziyorum, hangi şekilden bahsediyorsun sen?"

"Ruhen şekilsiz demek istedim."

"Ruhumu nereden biliyorsun?"

"Sadece ruhsuz bir erkek bu kadar fazla kadına yürür, sürekli midesini doldurmaya çalışan açgözlü bir sırtlan gibisin. Bütün bu kadınları ne yapacaksın?"

"Pul koleksiyonumu göstereceğim."

Saçma espriler yaparak çevremde dolaşıyordu, işin kötüsü bunların hepsi kadınlarla işine yarıyordu, ona sempatik falan dediklerini biliyordum. Neyse, akademisyen hanım sanıyorum ki bunu ilk başlarda ciddi bir adam falan sandı, çünkü bizim sırtlanın hakkını vermeliyim ki bu oyunda gerçekten iyi olduğu bir konu vardı: "Analiz etmek."

Bu konuya bir sonraki bölümde daha detaylı değiniyor olacağım ama şimdilik şu kadarını söyleyebilirim; bu adam bir kadınla tanıştığı zaman, bu kadının nelerden hoşlandığını, hangi üslup ile o kadına yaklaşması gerektiğini en fazla on dakika içerisinde analiz edebiliyor. Bu özelliği flört ederken ona muazzam bir avantaj sağlıyor ve genellikle karşı tarafın ona gerçekten inanmasına neden oluyor.

Mesela akademisyen vakasında kuzenim kültürlü ve kitap okuyan bir adam imajı çizmeyi başarmıştı. Kitaplardan birkaç cümle söylüyor, ünlü aforizmaların resimlerini kadına yolluyor ve gündemi takip ediyordu. Bunların üzerine sürekli gösterdiği ilgiyi eklediğiniz zaman, bir kadını etkilemesi o kadar da zor görünmüyor.

Ayrıca, kadını en lüks mekânlarda ağırlıyor ve asla normal bir yere götürmüyordu. Ne olursa olsun, "Ben lüks düşkünü değilim" diyen bir insan bile en gözde mekânlarda ağırlandığı zaman benliği okşanır ve bu durumdan memnun olur. Dolayısıyla sırtlanımız, her zaman olduğu gibi oyunu kuralına göre oynuyordu.

Tek bir amacı vardı, çekici bulduğu bu kadınla üç veya en fazla altı ay takılmak ve sonrasında cinsellikten yeterince verim aldığını düşündüğü bir noktada sonraki avına yönelmek. Bu kadar talihsiz bir amaç için kadına resmen çalışıyordu. O dönemde bir gün benim evime geldiğinde, neredeyse bütün salonu kaplayan kütüphaneme baktığını gördüm.

"Anlamadığın şeylere neden bakıyorsun dostum?"

"Yanlış anlama kitaplarla ilgilenmiyorum, ben onların bana getirebileceği zevklerle ilgileniyorum."

"Anlamadım?"

"Anlamazsın. Sen kitapları gerçekten zevk aldığın için okuyorsun ama ben bana getirebileceği keyif ve zevkler için ilgileniyorum. Mesela bir kadını en çok etkileyecek kitaplar hangileri?"

"Ne bileyim ben?!"

"Nasıl bilmezsin?"

"Kardeşim ben kitapları kadınları etkilemek için okumuyorum ki hasta mısın nesin?"

"Tam aksine bayağı sağlıklıyım, o zaman ben seçerim" diyerek oturduğu koltuktan doğruldu ve kütüphaneye yanaşıp rastgele birkaç kitap seçti. Mutfağa giderek bir naylon manav poşeti buldu ve kitapları içine koydu. Hayretle ve şaşkınlıkla izlediğimi görünce bana dönüp "Şaşıracak bir şey yok, bunlar benim işime yarayacak!" dedi.

Başımı avuçlarımın içine aldım ve akademisyen için üzüldüm ama neyse ki üzülecek bir durum yoktu, çünkü bizim sırtlanın lastiği erken patladı.

Bir hafta kadar sonra, sırtlanı üzgün ve kederli görmeye başladım, yanlış anlaşılmasın kadına âşık falan değildi, sadece işler beklediği gibi ilerlemiyordu ve buna hiç alışkın olmadığı için sessizce uzaklara bakıyordu. Keyfinin yerinde olmadığını görünce nedenini sordum, "Dostum bu kadın beni zorlamaya başladı" dedi. Cebinden telefonunu çıkartıp bana mesajları gösterince kadına hayran kaldım, şöyle yazışmalar vardı:

Sırtlan: "Tatlım ne yapıyorsun?"

Akademisyen: "İyidir, sen?"

Sırtlan: "Hayırdır soğuk yapıyorsun hayat nasıl gidiyor?"

Akademisyen: "Pek gitmiyor aslında."

Sırtlan: "Neden?"

Akademisyen: "Yine zaman kaybettim."

Sırtlan: "Yardımcı olabileceğim bir şey varsa söyle lütfen." (Nasıl da iyi niyetli!)

Akademisyen: "Özellikle de senin pek yardımın dokunmaz sanıyorum."

Sırtlan: "Anlamadım?"

Akademisyen: "Konu tamamen seninle ilgili."

Sırtlan: "Ne alaka?"

Akademisyen: "Seni böyle donanımlı biri falan sandım. Ancak korkarım alakan yok."

Sırtlan: "Pardon sen bu sabah ters tarafından mı kalktın canım?"

Akademisyen: "Bunu anlamak için uyanmaya bile gerek yoktu aslında!"

Sırtlan: "Çetrefil yapıyorsun sanırım." (Kahvehane ağzıyla yazıyor karşısında profesör kadın var)

Akademisyen: "Ya sen sürekli evde buluşalım falan, tamam anladık seks meraklısı birisin ama kendini bana farklı göstermeseydin keşke."

Sırtlan: "Ne gösterdim?"

Akademisyen: "Senin cinsellik dışında bir amacın yok."

Sırtlan: "Bunu da nereden çıkardın?"

Akademisyen: "Biz seninle bir aydır görüşüyoruz. Toplasan dışarıda üç, dört defa yemeğe gittik. Sonrasında eve çağırmak dışında bir yaklaşımın olmadı, tamam böyle olabilirsin ve zaten bundan hoşlanan bir kadın bulursun ama sen de beni tanımamışsın sanıyorum."

Sırtlan: "Nasıl yani?"

Akademisyen: "Yani ben seni tanımadıysam sen de beni tanımamışsın, tabii sen de haklısın. Genelde kızlar göz boyayan erkekleri sever ama ben genç ergen kız değilim ki kaç yaşında kadınım, dedim ki bu adamla sohbet falan keyifli olur okuyan birisi..."

Sırtlan: "Okuyorum zaten, severim okumayı."

Akademisyen: "Ya senden bir şey rica edeceğim, o evinde sehpanın üstünde duran kitapları kimden aldıysan ver sahibine insanların kitaplarını alma."

Sırtlan: "Bunu da nereden çıkardın?"

Akademisyen: "Sahibi ilk sayfasına isim yazmış tarih atmış, onu bile görmedin sanırım."

Sırtlan: "Ne?"

Akademisyen: "Bari kapağını açsaydın kitapların, insanları böyle kandırmayın ya, neyse..."

Sırtlan: "Aşırı tepki veriyorsun."

Akademisyen: "Türk filmi repliklerine döndük yine ahahahah ben kızgın falan değilim bu arada, ama seni eğitmeye çalışsam bile anlamazsın. Bence, sen kendi cinsel yaşamına devam et doğal ortamında. Ben de kendi hayatıma döneyim, çünkü bu yaşadığımız şeyden bir sonuç çıkmaz."

Sırtlan: "Ani tepki veriyorsun."

Akademisyen: "Tepki bile vermiyorum değmez sana bence. Anlamanı da beklemiyorum, ben biraz olsun kafası çalışan bir adamsın sandım ama nafile."

Sırtlan: "Çok ağır sözler bunlar, sana yakışmıyor."

Akademisyen: "Madem ağır konuşuyorum kesersin iletişimi."

Sırtlan: "Ama seni seviyorum."

Akademisyen: "Komik olma ya Allah aşkına! Bak gerçekten bu numaraları yiyen kızlar var mı hâlâ seviyorum falan?"

Sırtlan: "Ne numarası?"

Akademisyen: "Ya gerçekten merak ettim. Rolü bırak şimdi bunlar işe yarıyor mu hâlâ?"

Sırtlan: "Seni anlamıyorum bence görüşelim."

Akademisyen: "Tamam ben sana haber veririm. Ama ne zaman müsait olurum bilemiyorum, biraz yalnız kalayım en iyisi. Sıkıldım seninle iletişimde olmaktan, üzgünüm."

Mesajları okuyunca şaşırdım çünkü sırtlanlar genelde başarılı olurlar ve ilgiye boğdukları kadınlar tarafından terk edilmezler. Ama sanırım kainatta her zaman istisnalar vardır. Bu kadının tarzı hoşuma gitmişti ve sonunda bizim sırtlanın keyfini kaçırmayı başaran bir kadınla karşılaşmış olması önemliydi.

Daha önemlisi kadının bu yazışmalardaki üslubu dikkatimi çekti, hiç sertleşmeden ve adeta dalga geçerek sırtlana yolu gösteriyordu, tarzına hayran kaldım.

Genelde kadınlar daha tepkisel ve fevri davranırlar. Dalga geçerek ve sempatik bir üslup ile öfkesini ortaya koyabilen kadınların sayısı azdır. Dolayısıyla bizim sırtlanın çetin cevize denk geldiğini söyleyebiliriz.

Bu durumla ilgili yorumlarını sorduğum sırtlan şunları söyledi: "Ne güzel takılıyorduk daha onunla yapmak istediğim şeyler vardı ama sanırım olmayacak."

"Biraz uğraşırsan belki ikna edersin."

"Yok ya bu sefer olmaz."

"Neden?"

"Kadın uyanmış ve korkusu yok."

"Ne korkusu?"

"Kaybetme korkusu yok, yazma tarzından belli duygusal boşlukta olan bir kadın değil."

"Vay be nasıl analiz ettin?"

"Dostum bizim de kendimize göre bazı özelliklerimiz vardır elbet."

"Biraz zorlasaydın belki olur hemen umutsuz olma."

"Gazlama beni bu kadınla olmaz, bizim numaraları anlamış, peki sen neden kitaplara ismini yazıyorsun arıza mısın sen kardeşim?"

"Yani olmayınca ben suçlu oldum öyle mi?"

"Ya bir insan kitaba neden tarih atsın ne biçim bir entelsin sen ya?"

"Entel değilim."

"Öylesin abi. Neyse ben yine dönerim manken kızlara keyfime bakarım, onlar benim dilimden anlıyor en azından."

Akademisyen kadın, sırtlanın oyununa noktayı koymuştu ve yapacak bir şey yoktu.

26

MAÇ BAŞLARKEN OYUNU KAZANMAK

Her oyunun kendine göre kuralları vardır ve kitabın başında ifade ettiğim gibi flört ederken buna bir oyun gibi bakarsanız hem keyif alır hem de başarılı olursunuz. Herhangi bir oyunda başarılı olmak için gereken iki adım şunlardır; önce oyunun kurallarını öğren ve sonra da oyunu kuralına göre oyna.

Flört üzerine bu kadar bilgi aktarırken altın kuralı söylememek olmazdı: "Analiz et."

Sırtlan kuzenimden bahsederken onun aslında bir analiz ustası olduğunu belirttim. Bir kadını gözüne kestirdiği zaman, o kadını nasıl etkileyebileceğini detaylı olarak daha en başından analiz eder, hatta sosyal medyada kadının profiline bakar ve kendine göre notlar alır!

Bir futbol maçı öncesi rakibini analiz eden teknik direktör gibi çalışır ve bu konudaki ciddiyeti enteresandır, çünkü iş hayatında aynı ölçüde çalışkan bir iş adamı olmadığını gayet iyi biliyorum.

Yeni bir insan ile tanıştığınız zaman öncelikle onu detaylı olarak analiz etmelisiniz, burası çok önemli, çünkü nasıl başlarsanız öyle gider. Flört sürecinde sorun yaşayan ve "Ben flört konusunda beceriksiz biriyim" diyen insanların en büyük sorunu burada yatar; onlar analiz etmeye pek önem vermezler ve aslında çok net sinyalleri bile görmezden gelirler, oysa dikkatli bakarsanız tüm sinyalleri görebilirsiniz. Örneğin bir insan ile sosyal medya üzerinden yazışmaya başladınız ve size sadece geceleri mesaj atıyorsa şunu anlamanız gerekir:

"Kesinlikle önceliği değilim."

Ayrıca şunu da düşünmenizde fayda var:

"Gündüzleri çevrim içi olmasına rağmen bana yazmıyor, hayatında başka birisi olabilir mi?"

Yazışmalar sadece bir hafta önce başladı ve henüz yüz yüze görüşmediniz ancak aşırı bir özgüvene sahip olan adam sizinle cinsel içerikli yazışmak istediğini söyledi, bu durumda şu mesajı alabilirsiniz:

"Bu adam her kadına böyle yaklaşıyor, henüz beni tanımadan cinsel sohbetlere giriyor, demek ki tek amacı cinsellik, başka hiçbir amacı yok. Hatta amacı cinsellik bile değil, sadece kendini tatmin etmek istiyor ve beni bu konuda kullanmak için yazıyor."

Bu durumda onun cinsel sohbetlerine siz de müdahil olursanız onun oyununa göre oynuyorsunuz, yani o ne isterse onu yaparsınız. Önceki bölümlerde detaylı olarak açıkladığım gibi cepte olmak bir erkeğe karşı yapabileceğiniz en büyük hatadır, dolayısıyla bunu pek tavsiye etmiyorum. Elbette her insan kendi keyfine göre yaşar ve amacınız cinsel anlamda paylaşımda bulunmak ise ne istiyorsanız yaparsınız meselemiz bu değil. Asıl konu şudur; adamı kırmamak ya da kaybetmemek için ve hayır demekten korktuğunuz için cinsel sohbetlere izin verirseniz tamamen cepte olursunuz.

Bütün bu işaretler analiz aşamasında size bir mesaj veriyor; bu adam flört ederken sadece cinsellik içeren bir ilişki istiyor. Bu noktada kendinize sormanız gereken önemli bir soru var: "Ben ne istiyorum?"

Bu soruya vereceğiniz yanıt aslında her anlamda belirleyici olacak, birkaç farklı yanıt örneğini paylaşıyorum:

- Kesinlikle onunla aynı şeyi istemiyorum, bana göre değil.
- Ben evliliğe gidecek bir ilişki istiyorum.
- Ben sadece keyif istiyorum, anı yaşamak ve keyif almak harika olur.
- Ne istediğimi ben de bilmiyorum.

A ve B şıkları sizin bu adamla aynı kafada olmadığınızı gösteriyor. Hem onu hem de kendinizi ilk hafta içerisinde analiz etmiş oldunuz ve pek uyumlu görünmüyorsunuz. Bu durumda bir sonraki aşamaya geçmeniz gerekiyor; aranızdaki anlayış farkını ona ifade etmelisiniz.

Bunu yaparken hiç kızmayın ve sizinle aynı kafada olmadığı için ona öfkelenmeyin, muhtemelen sosyal medya üzerinden bu şekilde yakınlaştığı kadınlar vardır ve buna alışmış olabilir. Ona şunları söyleyin: "Sanırım aynı kafada değiliz, bu durum beni rahatsız ediyor ve cinsel konulara girmek istemiyorum. Beni anlayacağından eminim."

Israr ederse uzaklaşın, hatta engelleyin çünkü bir manipülasyon ustası olabilir ve sizin canınızı sıkacak bazı şeyler söyleyebilir, sanki onun istediklerine uymak zorundaymış gibi hissedersiniz. Mesela şuna benzer sözler duyabilirsiniz:

- Amma geri kafalı bir kadınsın.
- Sen çocuksun seninle işim olmaz.
- Sen beni tamamen yanlış anladın. (O kadar cinsel sorudan sonra?)
- Ben de sana çok meraklıydım, sen kaybedersin! (Narsist sırtlan)
- Ama bu konuları sen açtın. (Yuh daha neler!)
- Hiçbir kötü niyetim yoktu.

Örnekleri çoğaltabilirim ama buna gerek yok, bu tip narsist tipler özellikle de istedikleri olmadığı zaman son derece kaba ve saldırgan bir tavır içine girerler. Dolayısıyla bu tuzağa düşmeyin ve onlarla iletişimi kısa tutmaya çalışın. Daha da önemlisi ona laf anlatmaya çalışmayın, çünkü tek amaçları sizi rahatsız etmek ve onlara hayır dediğiniz için cezalandırmak olacaktır, başka niyetleri yoktur.

Size uygun olmayan bir adamı analiz ettikten sonra bazı kadınların düştükleri hataya düşmeyin, altını çizerek hatırlatmak istiyorum; "Bu adam kafa olarak bana uygun değil ama ben onu değiştirip istediğim şekle sokabilirim" diye düşünmeyin. Yıllar içerisinde kadınların en çok bu noktada hata yaptıklarını anladım. Kadınlar bir adamı değiştirmeyi ve ona şekil vermeyi gerçekten seviyorlar.

Öte yandan erkek kafa yapısı tamamen farklıdır

ve ciddi ilişki isteyen erkek tanıştığı kadınlar arasında kendisine en uygun olanı analiz ederken önem listesine bakar. Bu liste adamın bir kadında aradığı özellikleri içerir, mesela şöyle bir liste olabilir:

- Sadakat
- Karakter
- Dürüstlük
- Anlayış
- Neşeli ve pozitif enerjiye sahip olması
- Fedakâr olması

Her erkeğin kendine göre bir listesi vardır, siz de mutlaka bir erkekte aradığınız özellikleri önem sırasına göre listeleyin, çünkü yeni biriyle tanıştığınız zaman onu analiz ederken bu listeye bakarsınız. Eğer listenizdeki özellikleri taşımıyorsa bu adam sizin için zaman kaybı olacaktır. Flört sürecinde tam da bu noktada erkeklerin çok farklı davrandıklarını görebilirsiniz; flört ettiği kadının özellikleri ona uygun değilse hemen uzaklaşır ve hiç zaman kaybetmez. Özellikle de kadını değiştirmeyi veya kadına şekil vermeyi asla düşünmez çünkü erkek bakış açısında bunlar yoktur. Öte yandan kadınlardan genelde şunu duyarım:

"Eğer benim kafamdaki özelliklere tamamen uyan bir adamsa bana çekici gelmiyor; biraz uğraşmak istiyorum, arızalı bir adamı tamir etmek istiyorum."

Bu noktada yine bir analiz yapmanız gerekir; "Ben gerçekte ne istiyorum?"

Bazı kadınlar arızalı adamları veya serseri tipleri tamir etmeye çalışırlar ama tarihte böyle bir adamı tamir edebilmiş kadın yoktur. Oysa serseri tipleri tamir etmeye çalışırken hayatını çöpe atmış kadınlara her yerde rastlayabilirsiniz...

Genel olarak gördüğüm kadarıyla, kadınların flört sırasında erkeği analiz etme özellikleri biraz da olgunlaşma süreciyle ilgili, örneğin yirmili yaşlarda olan genç kızlar sadece erkeğin ilgisine bakarlar ve ilgi gösteren erkeğin doğru adam olduğunu düşünürler. Bir kadın çeşitli deneyimlerin ardından otuzlu yaşlarına geldiğinde, flört sürecinde analize daha fazla önem vermeye başlar ve adamı tanımak için detaylara bakar; mesela adamın profiline, paylaşımlarına bakıp kendisine ne kadar uygun olduğunu anlamak ister.

Hangi yaşta olursanız olun, flört aşamasında karşınızdaki insanı analiz etmeniz son derece önemlidir ve o insandan önce kendinizi analiz ederek başlayabilirsiniz. Flört oyununda ne istediğiniz konusunda kendinize karşı dürüst olun ve eğer evlilik istiyorsanız daha ilk tanışmada "Ben kesinlikle evlenmek istemiyorum, böyle bir amacım kesinlikle yok" diyen bir erkeği aylarca evliliğe ikna etmeye çalışmayın. Adamdan çok hoşlandıysanız, evlilik amacınızı bir kenara bırakın; "Yok ben evlenmek zorundayım" diyorsanız bunu söyleyen adamla ilişkiye başlamayın.

27

TAKİP MESAFESİNİ KORUYUN

Geçtiğimiz günlerde *Flört Etme Sanatı*'na gelen yorumlar arasından bir tanesi ilgimi çekti, aşağı yukarı şöyle bir yorumdu:

"Hocam ülkemizde erkekler kesinlikle flört etmeyi bilmiyorlar, daha tanımadıkları bir kadına yürümeyi flört sanıyorlar, sakin olmayı öğrenmeleri gerekir."

Bu yorumu görünce doğru ama eksik bir analiz olduğunu düşündüm.

Ülkemizde erkeklerin flört konusunda pek fikir sahibi olmadıkları doğrudur, bir kadına nasıl yaklaşmaları gerektiğini bilmezler ve daha kötüsü bu konuda gelişime kapalı olduklarını söyleyebiliriz. Kitap satan herhangi bir mağazaya girdiniz diyelim, aşk veya ilişkilerle ilgili kitaplar alan erkek göremezsiniz ya da çok nadir diyebiliriz. Dolayısıyla en önemli öğrenme yöntemlerinden biri olan okuma sanatı, ülkemizde erkekler tarafından pek tercih edilmez. Öte yandan genellikle anneleri tarafından "Benim oğlum her şeyi bilir" ya da "Benim oğlum her zaman haklıdır" anlayışı ile yetiştirilen bir kesim vardır, bu adamların empati konusunda büyük sıkıntıları olduğunu söyleyebiliriz. Bir kadınla tanıştıkları zaman genellikle annesinden gördüğü aşırı ilgi ve sevgiyi o kadından görmeyi beklerler ve göremedikleri zaman saldırgan yüzlerini size gösterirler. Yani özetle yukarıdaki yorum kısmen doğrudur; ancak yeterli değildir çünkü madalyonun diğer yüzüne de bakmamız gerekiyor.

"Adil'e Sor" uygulaması Türkiye'deki ilk ve tek ilişki soru cevap uygulaması ve bugün itibariyle bir buçuk milyondan fazla üyesi var. Üyelerinin yüzde 93 oranı kadınlardan oluşuyor ve her gün bu uygulama üzerinden binlerce soru alıyorum. Bu soruları yanıtlarken dikkatimi çeken bazı soru başlıklarına göz atalım:

Bir haftadır yazıştığım erkeği kendime nasıl bağlayabilirim?

Sosyal medyadan bir adamla tanıştım, evlenmesi için ne yapmalıyım?

Henüz yüz yüze görüşmediğim bir erkeği kendime nasıl âşık ederim?

Bu ve benzeri sorularda ilginç olan nokta henüz çok yeni tanışmalarda bile aceleyle ilişkiyi ciddi bir yola sokma kaygısıdır. Ayrıca bazı vakalarda, bir ilişkiden bile bahsedemeyiz sadece bir iletişim halinde olduklarını söyleyebiliriz. Bir süredir tanıdığınız, yüz yüze görüştüğünüz ve birkaç defa farklı mekânlarda buluşup birlikte güzel vakit geçirdiğiniz insan ile ilişki yaşadığınızı söylemek yanlış olmaz, fakat sadece yazışma halinde olup hiç görüşmediğiniz bir insan ile aranızdaki şey bir ilişki değil, sadece iletişimdir. Bunun altını çizdikten sonra, ilişki yaşıyor olsanız bile bir erkeğin evlilik düşüncesine girmesi zaman alan bir süreçtır ve flört aşamasında tek amacı kadını tanımaktır. Dolayısıyla henüz birkaç haftadır tanımakta olduğunuz bir insanla ilgili ciddi planlar içine girmeniz, beklentinizi yükseltir ve kaza yapma riskinizi de aynı oranda yukarı taşır.

Trafikte hız yapan bir aracın arkasından gidiyorsunuz diyelim, ama ona çok yaklaştınız ve birlikte hızla yol alıyorsunuz, saatte 150 kilometre hızla otobanda giderken aniden fren yapıyor ve siz ona aşırı yakın olduğunuz için bu frene hazırlıksız yakalanıyorsunuz. Sonrası trajik bir kaza. Bu örneği vermemin sebebi akılda kalmasıdır; bir insanla flört halinde keyifle yol alırken, onunla aranızdaki mesafeyi her zaman sizin için güvenli bir seviyede tutmanızı öneriyorum, aksi halde aniden ilgiyi kestiği zaman veya size farklı bir yüzünü gösterdiği zaman hayal kırıklığı yaşama riskiniz çok yüksektir.

Flört sürecinde takip mesafenizi sürekli koruyun, yani kendi hayatınıza, arkadaşlarınıza ve ailenize zaman ayırmaya devam edin. Yeni tanıdığınız ve hatta henüz pek tanımadığınız bu insanı HAYATINIZIN MERKEZİNE KOYMAYIN.

Flörtü seven ve bu konuda başarılı olan insanlar bundan keyif almayı bilirler. Dilimizde flörtün karşılığı olan "Kurlaşmak" genel olarak şakalaşmak, karşılıklı espriler yapmak ve hoşça vakit geçirmek gibi anlamlarda kullanılır, dolayısıyla temel amaç keyif almaktır diyebiliriz. Bununla birlikte flört ederken aşağıdaki noktalara dikkat etmenizde fayda vardır:

- Asla aceleci davranmayın.
- Asla eskilerden bahsetmeyin, gizemli kalın.
- Asla haddini aşan tavırlarına karşı sessiz kalmayın, saygısızlık varsa flört biter.
- Yüksek beklentiye girmeyin, en azından ilk üç

ay girmemeye çalışın çünkü sadece tanıma sürecidir.

- Hemen ailesiyle tanışmaya çalışmayın, bir erkeğin size ailesinin kapılarını açması için sizinle en az altı ay geçirmesi gerekir.

- Diyelim ki yüksek beklentiye girdiniz ve muazzam duygular besliyorsunuz, aynısını erkekten beklemeyin, dediğim gibi erkeğin kafa yapısı farklıdır ve duygu üretmesi çok daha fazla zaman alır.

- Sadece cinselliğe dönüşen bir flört duygu içermez, bu noktada hemen çizgileri çekmeniz gerekir, eğer sessiz kalır ve sürekli ev görüşmelerine izin verirseniz bu oyun böyle devam eder; ya bundan keyif alın ya da en baştan buna izin vermeyin.

- İlk adımı atmaktan asla çekinmeyin, çünkü günümüzde kimin ilk adımı attığı pek önemli değildir, ısrarcı olmayın yeter. Yani size pek yüz vermeyen ve yüz yüze görüşme konusunda istekli görünmeyen birine yakın davranmayın. Onu şımartmanıza hiç gerek yok, aksi halde sizi cepte görmeye başlar.

- Ayna karşısında şunları her zaman tekrarlayın; “Ben bu insanı henüz tanımıyorum, sadece tanımaya çalışıyorum, onun gerçekte kim olduğunu bilmiyorum.”

- İşler beklediğiniz gibi gitmediği zaman sanki bu durum dünyanın sonuymuş gibi dram yapmayın, hayatta daha büyük üzüntüler var, henüz doğru insanla tanışmadıysanız bu asla karşınıza çıkmayacak anlamına gelmez. Kötümser olmanıza hiç gerek yok.

28

FLÖRTÖZ OLMANA 8 ADIM KALDI

Flörtöz birine dönüşmek isteyenler için son sekiz adımı açıklamanın zamanı geldi. Bu adımları örnekler vererek ve aynen YouTube videolarımda olduğu gibi maddeler halinde aktarmak istiyorum. Bunları flörtte başarıya giden yolda birer aşama olarak düşünürseniz, her adımda hedefe daha çok yaklaşırsınız. Şunu itiraf etmeliyim ki bu adımları uygulamasına rağmen flörtte başarısız olan bir insana hiç rastlamadım.

1. **Flörtleşmek için hazır mısın?**

Her şeyden önce pozitif bir ruh halinde olmanız gerekir. Flört oyununda keyif alabilmeniz için kendinizi iyi hissediyor olmanız son derece önemlidir, örneğin son derece kötü bir gün geçirdiniz ve yalnız kalmaya ihtiyacınız var, böyle bir ruh hali içindeyken kimseyle dışarıda buluşmanızı ve kahve içmenizi önermiyorum çünkü ne siz keyif alırsınız ne de o insanda güzel bir algı yaratırsınız. Tam aksine sizin negatif enerjinizi aldığı zaman, sizden uzaklaşmayı tercih eder. Bazı günler bizim günümüz değildir; kendimizi iyi hissetmeyiz ve gün boyunca kötü enerji yakamızı bırakmaz. İşte böyle günlerde yalnız kalmanın önemine inanın, çünkü siz ne kadar yalnız kalırsanız toparlamanız o kadar kolay olur. Kendinizi zorlayarak gittiğiniz bir randevuda flört ettiğiniz insanla paylaşacağınız anlardan keyif almanız neredeyse imkânsızdır. Aynı zamanda buluşma mekânı tercihi sizin için uygun olmalıdır, mesela ısrarla sizin pek sevmediğiniz bir mekânda görüşmek isteyen flörtünüze orada görüşmek istemediğinizi söyleyin ve nedenlerinizi de makul bir dille anlatın. Mutlaka onun istediği yerde buluşmak zorunda değilsiniz, onun da size karşı anlayışlı ve saygılı olması gerekir.

Sanıyorum dört sene kadar oldu, bir kızla flört halindeydik. Kendi başıma gelen olayı anlatıyorum ve birebir olarak yaşanmıştır. Aramızdaki iletişim gayet eğlenceliydi ve henüz iki haftadır flört halindeydik. Daha önce bir defa yüz yüze görüşmüştük ve eğlenceli geçmişti. İkinci görüşmede ona yakın olan bir kafe önerdi ve bana uyar dedim. Anlaştığımız saatte onun söylediği kafeye gittim ve içeride onu beklemeye başladım. Yaklaşık on dakika kadar geç kaldı ama bunu hiç sorun etmedim, içeride bekliyordum yanıma geldi masaya oturdu. Daha ilk bakışta kötü bir gün geçirdiğini anladım, oldukça agresif bir beden diliyle kafenin teras kısmını işaret ederek "Dışarıda oturalım mı?" diye sordu. Bahsettiğim olay Kasım ayında gerçekleştiği için hava oldukça soğuktu ve ben içeride oturmayı tercih ettiğimi söyledim. Buna aşırı derecede bozuldu ve fevri bir tepki verdi. Geçirdiği berbat günün tüm kötü enerjisini, benim oturduğum masaya dökmeye hazırdı. Ancak yine de kendini tutmaya çalışıyordu. Bir deneme daha yaptı ve "Bence dışarıda oturalım" dediğinde havanın benim için soğuk olduğunu ve dışarıda oturmak istemediğimi tekrarladım "Fakat illa hava almak istiyorsan dışarıda bir yürüyüş yapalım" dedim. Aslında gayet makul bir teklifti ama sanırım iyi niyetimi anlamadı ve hışımla masadan kalkarken "Ben dışarıda oturmak istiyorum" diyerek kafenin teras bölümüne doğru yürüdü. Ben de aynı anda masadan kalktım ve onu beklerken içtiğim kahvenin parasını ödedikten sonra oradan ayrıldım. Israrla ve inatla kendi dediğini yaptırmaya çalışan bir kadın olduğunu iki haftalık bir flörtün ikinci görüşmesinde anlamıştım ve bu benim için yeterliydi. Özellikle de fevri olması ve gayet sakin tavrıma rağmen, bütün negatif enerjisini bana yöneltmesi hoşuma gitmemişti fakat yine de onu yargılamadım, sadece bu kadın benim flört etmek istediğim bir kadın değildi, hepsi bu.

Erkek bakış açısı bu kadar basittir. Bir kadın bize göre olmadığı zaman onu değiştirmeye veya düzeltmeye çalışmayız, sadece kendi yolumuza bakarız. Daha sonra beni aradı ve tekrar görüşmek istedi, o gün berbat bir gün geçirdiğini söyledi ancak ben soğumuştum ve tekrar görüşmek istemediğimi ona söyledim. Normalde beni arayıp o akşam görüşmek istemediğini söylemesi yeterliydi ancak gelip negatif enerjisini bana kusmaya çalışması anlamsızdı çünkü ben kimseye böyle davranmıyordum ve kimsenin bu tip tavırlarını çekmek zorunda değildim.

Eğer flört ettiğiniz erkek size herhangi bir konuda inat ediyor veya illa kendi dediğini yaptırmaya çalışıyorsa, negatif enerjisini size yöneltiyorsa siz de çekip gidin, hiç uğraşmayın çünkü negatif enerjide olan bir insana asla yaranamazsınız.

- **Karşınızdaki insan flört etmeye hazır mı?**

Belki siz harika bir enerjidesiniz ve "Bugün benim günüm" diyorsunuz ancak karşınızdaki insan öyle bir enerjide olmayabilir. Görüşme öncesi mutlaka kısa bir mesaj atın ve "Herhangi bir değişiklik var mı?" diye sorun çünkü kötü bir gün geçirdiyse ve bunu sizinle paylaşıyorsa emin olun bu görüşmeyi yapmak kötü bir fikir olabilir. Bu durumda ertelemeyi tercih edin. Aslında her şey iletişim sanatıyla ilgili, flört ettiğim bir kadının bana "Kötü bir gün geçirdim, bugün görüşmesek olur mu?" demesini asla yanlış anlamam hatta bu tarzı hoşuma gider çünkü bana karşı bu kadar net olması daha iyidir ve beni zaman kaybından kurtarır. Dolayısıyla siz de, flörtünüz bunları söylediği zaman onu yanlış anlamayın ve görüşmeyi erteleyin. Kendisini iyi hissettiği bir gün sizinle görüşmeye gelsin, herkes için daha iyi olacaktır.

- **Flört göz temasıyla başlar**

Göz teması çok önemlidir ve flörtöz insanlar bunu çok iyi yaparlar. Flört ederken "Ben göz teması yapamıyorum, bakışlarımı kaçırıyorum" diyen bir insanın öncelikle bu yönde kendini geliştirmesi gerekir. Bakışlarınızla bir erkeği kolaylıkla yönlendirebilirsiniz ve başınızı on beş derece aşağıya doğru eğerek yapacağınız her gülümseyen bakış onu etkileyecektir. On beş derece kuralı global bir kuraldır diyebilirim, bazı kadınlar bu bakışı o kadar iyi yapar ki flört ettikleri adam gözlerini ondan ayıramaz. Bakışlarıyla kendine âşık eden kadınlardan biri olabilirsiniz, flört ederken gözlerinizi asla ondan ayırmayın ve etrafa bakmayın çünkü "tüm dikkatim sende" ve "seni ilgiyle dinliyorum" algısı yaratmanız o insanı size daha çok bağlar; özellikle de bakışlarınıza bir tutam gülümseme kattığınız zaman mükemmel geri dönüşler alacaksınız.

- **Sessiz kalmayın ve tarzınızı oluşturun**

YouTube videolarımda bahsettiğim "tarz oluşturma" konusunda, flört ederken dikkat etmeniz gereken nokta şudur: bir kafede buluştunuz ve adamın dikkati sizde değil, onu hemen uyarın, nazik bir dille "Kendini iyi hissetmiyorsan kalkalım" diyebilirsiniz ya da "Bir sorun mu var sanki burada değil gibisin?" diye sormanız yeterli olur. Size karşı ilgisiz tavrı devam ediyorsa "Ben kalkmak istiyorum" diyerek oradan ayrılın. Size düzgün davranmayan ve ilgisi sizde olmayan kimseye sonuna kadar tahammül etmek zorunda değilsiniz. Kadınların bir kısmı bunu harika uyguluyor ve tarzını koruyor ama genel olarak çoğunluk diyebileceğim sayıda kadının böyle durumlarda sessiz kalarak masada oturmaya devam ettiklerini görüyorum. Bu şekilde tarz oluşturamazsınız.

- **Mükemmel olmaya çalışmayın**

Mükemmel olmaya çalışmak iki sebeple anlamsızdır, birincisi mümkün değildir yani kimse asla mükemmel olamaz. İkinci sebep ise daha enteresan, çünkü mükemmel olduğunuz zaman ilgi çekici olamazsınız. Benim hayatımda en çok bağlandığım ve deliler gibi âşık olduğum kadınların bazı sempatik hataları ve arızaları vardı, her insan gibi. Hepimiz böyleyiz ve bizi biz yapan özellikler bu sempatik zaaflarımızdan ibarettir, oysa mükemmel bir insan çekici olmayı başaramaz. Yüksek bir varlık veya insan ötesi varlık gibi görünmeye çalışmayın, hata yapmaktan korkmayın flört sırasında kendiniz olun yeter. Sizi kendiniz olarak beğenmeyen bir erkek için başka bir kadın gibi davranmayın ÇÜNKÜ KİMSE İÇİN RUHUNUZDAN ÖDÜN VERMENİZE DEĞMEZ.

Sizi eşsiz ruhunuzla seven ve hayatında isteyen bir insan mutlaka karşınıza çıkacaktır. Size ait özellikleri beğenip, bunlar nedeniyle sizinle görüşmek isteyen insan, size ideal ilişkiyi yaşatır. Flört randevusuna giderken aklınızdan geçirmeniz gereken düşünceler şunlardır: "Rahat olmalıyım, keyifli vakit geçirmek ve onu tanımak istiyorum, hepsi bu. Mükemmel olmak zorunda değilim, sadece kendim olmak istiyorum."

- **Flörtünüzle buluşmaya gitmeden önce mutlaka konuşmak istediğiniz konuların listesini zihninizde hazırlayın.**

Bu adama tam olarak neler sormak istiyorsunuz, onunla ilgili merak ettiğiniz konular nelerdir ve en önemlisi onun size soracağı hangi sorulara yanıt vermeye hazır değilsiniz? İşte tüm bunları düşünün. Onun karşısına hazırlıksız gitmeyin, her sorusuna yanıt vermek zorunda değilsiniz ve konuşmayı tamamen onun yönlendirmesine izin vermeyin. Bazı kadınların yaptıkları hata flört sırasında soru sormamaktır, asla çekinmeyin ve bol miktarda soru sorun, onu tanımaya çalışın. Onun yanıt vermediği her soru sizden kaçırdığı bilgidir; bunu tekrar ediyorum flörtünüzün size yanıt vermediği her soru sizden kaçırmaya çalıştığı bilgidir. Bu konularda zaafları olduğunu ve muhtemelen yine aynı konularda ileride bu adamla sorunlar yaşama ihtimaliniz olduğunu aklınızdan çıkarmayın.

- **Narsist bir insanla ASLA FLÖRT ETMEYİN**

Son yıllarda gittikçe daha sık karşıma çıkan vaka budur; narsist erkek ile flört etmiş ve hatta onu adam etmeye çalışmış kadınların dramı diyelim. Narsist insanların sizin ruhunuzda açabilecekleri yaraları hafife almayın, çünkü onlar size kısa zamanda çok büyük hasar verebilirler, aslında onların tüm amacı karşılarına çıkan insanları ezmek, manipüle etmek ve sürekli beğeni almaya çalışmaktır. YouTube videolarımda narsist erkekler üzerine detaylı bilgiler veriyorum, onları tanımanız için yöntemleri anlatıyorum. Sürekli saygısız davranırlar ve sizi eleştirmek için sürekli bahane bulurlar, sizin başarılarınızla dalga geçme cüretini gösterirler fakat bunlara katlanmak zorunda değilsiniz. Bir narsist erkek muhtemelen başka kadınların yoğun ilgisi nedeniyle bu hale gelmiş olabilir ama siz onun çevresindeki diğer kadınlar gibi yoğun ilgi göstermek yerine ona tarzınızı kanıtlayın ve hemen kendinizi geri çekin.

- **Terazi kuralı sizi başarıya götürecek**

Önceki maddeleri içselleştirdiniz ve uyguluyorsunuz; artık son maddeye geldik ve sanırım en önemlisi bu olabilir. Bir aynanın karşısında olduğunuzu düşünün, siz ne yapıyorsanız onu görürsünüz.

Flörtünüzle iki hafta önce tanıştınız ve aranızda güzel bir iletişim var fakat son iki gündür sanki ilgisi azaldı gibi geliyor; bu durumda yapmanız gereken hemen ona gösterdiğiniz ilgiyi azaltmak olacaktır. Telefonda sizinle konuşurken daha mesafeli ve soğuk davranıyorsa, siz de aynısını yapacaksınız. Bunları yaparken sakın "Sen böyle davrandığın için ben de böyleyim" demeyin, buna hiç gerek yok. Ona karşılık verdiğinizi söylerseniz tepkisel biri olduğunuzu düşünür, eğer garip davrandığınızı söylerse "Nereden çıkardın?" diye sorun.

Ona "Neden ilgin azaldı?" diye sormayın çünkü sizin agresif bir kadın olduğunuzu düşünebilir, siz sadece ayna kuralını uygulayın; yani ondan ne görüyorsanız ona aynısını gösterin. Bir ayna gibi olun. Diyelim ki tamamen ortadan kayboldu ve hiç aramıyor, o zaman bu adamın ciddiyetsiz bir insan olduğunu anlayın, erkekler arasında bu tip sırtlanlara "heves adamı" denir. Bir kadını sosyal medyadan görüp çok beğenir, hemen yükselir, kadına inanılmaz ilgi gösterip onu da yükseltir ve hatta sevdiğine bile inandırır ama tüm bunlar sadece iki hafta veya en fazla bir ay sürer, çünkü adı üstünde heves adamı kısa süreli heveslerin adamıdır.

Bir erkeğin sizinle flört evresi ve ilgisi üç aylık süreyi geçtiği zaman size karşı gerçekten bir duygusu olduğunu anlayabilirsiniz. Erkeklerin flörte bakışında üç ay çok kritik bir seviyedir ve üç aydan az süren flörtlerde duygu oluşmamış demektir. Bir erkek duygu hissettiği zaman, üç aylık süre, önce altı aya ve sonra bir seneye uzar. Duygu hisseden bir adam asla kopmak istemez ve kaybetme korkusu yaşar. Siz bu korkuyu beslemek için ona cepte olmadığınızı gösterin ve onun size davranışlarına bakarak kendinizi frenleyin. Duygularınızı kontrol altında tutmalısınız. Bunu sakın unutmayın.

Flört etme sanatçısı olabilirsiniz. Yukarıdaki son sekiz adımı uyguladığınız zaman erkekleri ne kadar etkilediğinizi göreceksiniz. Bu kitapta okuduğunuz ve flört ederken hayata geçirdiğiniz her formül sizin için bir başarı hikâyesi olacaktır.

Ben sizinle gurur duymaya hazırım.

Peki siz kendinizle gurur duymaya hazır mısınız?

Adil Yıldırım

6 Ocak 1982 İstanbul doğumlu olan Adil Yıldırım, Marmara Üniversitesi Siyaset Bilimi ve Fransızca Kamu Yönetimi Bölümü'nden mezun olduktan sonra on yıl İtalya'da yaşadı.

Bu süre zarfında, Milano Teknik Üniversitesi Politecnico di Milano'da Uluslararası Marketing dalında yüksek lisansını tamamladıktan sonra felsefe ve insan ilişkilerine olan merakı nedeniyle bu alanlarda kendini geliştirmeye karar verdi ve Avrupa genelinde düzenlenen çeşitli seminerlere katıldı.

ICF – Uluslararası Koçluk Federasyonu bünyesinde İlişki Koçu olarak eğitimlerini İtalya'da tamamlayan Adil Yıldırım, bir yandan da ortaokul yıllarından beri devam eden edebiyât merakını sürdürdü ve yazdığı kısa hikâyeler İtalya'da Corriere della Sera gazetesinin hafta sonu eklerinde yayımlandı.

Her zaman bir roman sevdalısı olduğunun altını çizen Adil Yıldırım, Türkiye'ye döndükten sonra Gecede Saklı Yalnız Aşklar adlı ilk romanını yazdı ve bu roman 2017 senesinde yayımlandı. Bu romanın ardından hayatımızdaki tinsel dinamikleri kaleme aldığı *Zamanın Sessiz Ruhu, Tesadüfe Yer Yoktur* isimli romanı 2019 senesi nisan ayında okurları ile buluştu. Yine 2019 senesi temmuz ayında ise *Gecede Saklı Yalnız Aşklar*'ın devamı niteliğinde olan *Med Cezir* adlı romanı yayımlandı.

Adil Yıldırım'ın dördüncü kitabı olan *50 Maddede İlişkiler*, 2020 senesi temmuz ayında okurlarıyla buluştu. Yazarlık kimliğinin yanı sıra "İlişki Koçu" unvanıyla YouTube kanalında kadın erkek ilişkileri üzerine videolar paylaşan Adil Yıldırım, kanalında verdiği bilgileri kitap haline getirerek okurlarına sunmuş oldu. Yine 2020 senesi temmuz ayında Adil Yıldırım'ın beşinci kitabı *Şeytan Tüyü* raflarda yerini aldı, bu romanda daha önce yazmadığı tarzda bir anti kahraman hikâyesiyle okurlarına sürpriz yaptı ve narsist bir erkeğin dehşete düşüren yaşamını gözler önüne serdi Adil Yıldırım'ın altıncı kitabı *Flört Etme Sanatı* Nisan 2021 tarihinde okurlarıyla buluştu ve Türkiye'de flört üzerine yazılan ilk kitap olarak raflarda yerini aldı. 2022 yılında yayınlanan 50 Maddede Sosyal Medya Aşkları okurlarıyla buluştu. 40+ İtiraf Hikâyeleri 2022 senesi ocak ayında raflardaki yerini aldı.

2023 yılında *Farkındalık Okyanusu* kitabı ve 50 Maddede Evlilik okurlarıyla buluştu.

"Yazmak en büyük terapidir" diyerek yazmayı çok sevdiğini belirten Adil Yıldırım "İnsan yaşarken yalan söyleyebilir ancak yazarken asla yalan söyleyemez; çünkü yazan insan kendi ruhuyla yüzleşmek zorundadır." söylemiyle roman yazma serüvenini tanımlıyor.

Instagram: adilyildirimyazar
Twitter: mentoradilyldrm
Youtube: Yazar Adil Yıldırım
www.adilyildirim.com
yazar@adilyildirim.com
Adil'e Sor uygulaması
https://adilesor.adilyildirim.com

50 maddede
Evlilik
Adil Yıldırım
KARAKARGA

50 maddede
İlişkiler
Adil Yıldırım
29. Baskı

40+ İtiraf Hikâyeleri
İNTİKAM AŞKIN SAĞLAMASIDIR
Adil Yıldırım
KARAKARGA
17. BASKI

50 Maddede Sosyal Medya Aşkları
"SIRTLAN"I
"ALFA"YA
ÇEVİREBİLMEK
Adil Yıldırım
KARAKARGA
12. BASKI